Adobe InDesign

Curso Práctico

Adobe InDesign

Curso Práctico

Mª Teresa López Jiménez

 Ra-Ma®

La ley prohíbe
fotocopiar este libro

Adobe InDesign. Curso Práctico
Thema: UGD Autoedición/publicación de escritorio
Bisac:TEC016020
© Mª Teresa López Jiménez
© De la edición: Ra-Ma 2024

Editado por:
RA-MA Editorial
Calle Jarama, 3A, Polígono Industrial Igarsa
28860 PARACUELLOS DE JARAMA, Madrid
Teléfono: 91 658 42 80
Fax: 91 662 81 39
Correo electrónico: *info@grupoeditorialrama.com*
Internet: *www.ra-ma.es* y *www.ra-ma.com*
ISBN impreso: 978-84-1036-028-0
ISBN ePub: 978-84-10360-29-7
Depósito legal: M-16666-2024
Maquetación: Antonio García Tomé
Diseño de portada: Antonio García Tomé
Filmación e impresión: Safekat
Impreso en España en julio de 2024

A León, Mateo, Noel y Áxel,
mis pequeños grandes docentes.

ÍNDICE

ACERCA DE LA AUTORA

Mª TERESA LÓPEZ JIMÉNEZ

Formada en Bellas Artes en la Universidad de Granada, donde adquirió una sólida base en técnicas artísticas y diseño. Diseñadora gráfica con una destacada trayectoria profesional de 20 años, durante los cuales se ha especializado en maquetación editorial y retoque fotográfico. Su experiencia abarca desde sencillos elementos publicitarios y de marketing a la creación de revistas y libros.

Desde el año 2005, ha combinado su labor como diseñadora gráfica con la docencia, impartiendo clases tanto de manera presencial como online. Su enfoque pedagógico se centra en enseñar diversas aplicaciones de Adobe Creative Suite, como Photoshop, Illustrator e InDesign. Ha impartido formación tanto a pequeñas y medianas empresas (PYMES) como a grandes multinacionales, adaptando sus métodos de enseñanza a las necesidades específicas de cada grupo.

Su trabajo como docente no solo se limita a transmitir conocimientos técnicos, sino también a fomentar la creatividad y el pensamiento crítico en sus alumnos. Ha desarrollado numerosos cursos y talleres personalizados que abordan desde los fundamentos del diseño gráfico hasta técnicas avanzadas de retoque y composición. Además, se mantiene actualizada con las últimas tendencias y avances tecnológicos en el campo del diseño, lo que le permite ofrecer una formación relevante y de alta calidad.

En su carrera, ha colaborado con diversos clientes y proyectos, siempre buscando superar las expectativas y aportar un valor añadido a cada trabajo. Su dedicación y pasión por el diseño gráfico y la enseñanza se reflejan en la satisfacción de sus clientes y alumnos, muchos de los cuales han logrado mejorar significativamente sus habilidades y conocimientos gracias a su guía y experiencia.

INTRODUCCIÓN

Adobe InDesign es un software de maquetación altamente sofisticado y versátil que se utiliza ampliamente en la creación de publicaciones impresas y digitales.

Una de sus las principales ventajas es su capacidad para trabajar con una amplia variedad de formatos de archivo, lo que facilita la importación y exportación de contenido de medios mixtos. Además, su integración con otras aplicaciones de Adobe, como Photoshop e Illustrator, permite a los usuarios crear diseños más complejos y sofisticados y mejora enormemente la eficiencia del flujo de trabajo. También, permite que varios usuarios puedan trabajar en un mismo proyecto de forma simultánea lo que agiliza el proceso de diseño y facilita la comunicación entre los miembros del equipo, garantizando una mayor eficiencia en la realización de proyectos colaborativos.

El uso de InDesign es especialmente útil para la creación de revistas, libros, folletos, catálogos y otros materiales de marketing. Su capacidad para manejar diseños de varias páginas con facilidad y precisión lo convierte en la herramienta ideal para proyectos de gran envergadura, permitiendo, además, la gestión de estándares de salida para productos analógicos y digitales.

INICIAR EL PROGRAMA

Cuando se abre Adobe InDesign, aparecen varias opciones en la pantalla de inicio. Aquí es donde se puede crear un nuevo documento, abrir uno existente, acceder a plantillas prediseñadas, o incluso buscar tutoriales y recursos de ayuda:

esta versatilidad permite adaptar el flujo de trabajo a las necesidades específicas de cada proyecto.

Crear un nuevo documento en InDesign es fácil. Simplemente se selecciona la opción "Nuevo documento" en la pantalla de inicio y se establecen las dimensiones, orientación, márgenes y ajustan las preferencias de configuración del documento.

También, se puede elegir entre diversas plantillas que facilitarán el trabajo, estas plantillas prediseñadas abarcan una amplia gama de proyectos, desde folletos y revistas hasta tarjetas de presentación y libros. Se selecciona la plantilla que se adapte a las necesidades y se comienza a personalizar con el contenido propio.

Si ya se tiene un documento existente que se quiere abrir se puede hacerlo seleccionando la opción "Abrir documento" en la pantalla de inicio y navegando a través de los archivos para encontrarlo. Además, se puede acceder a los proyectos recientes, lo cual facilita la rápida apertura de documentos en los que se estaba trabajando anteriormente, e incluso importarlos desde la nube utilizando Adobe Creative Cloud.

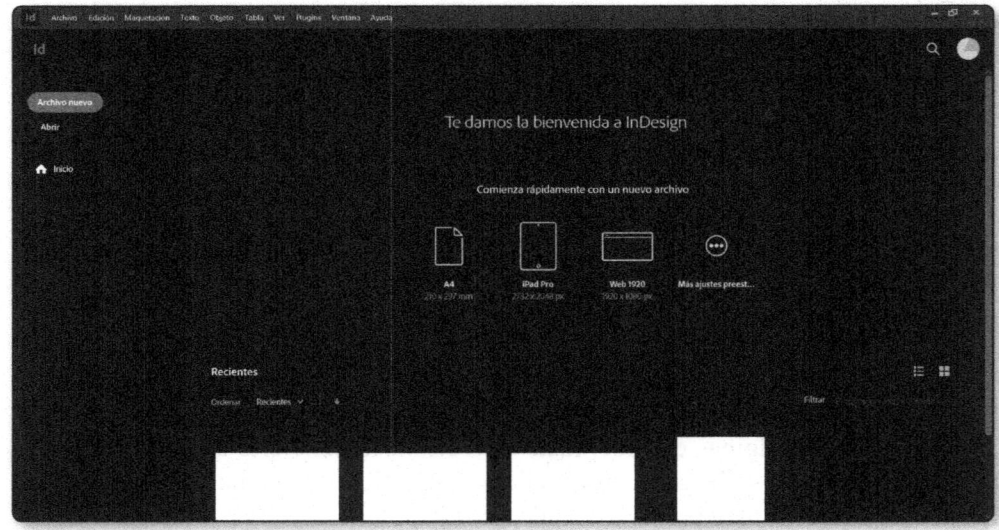

Figura 1.1. Pantalla de inicio de Adobe InDesign

Ejercicio práctico "1.3.1 Crear documento nuevo" en la página 43.

1

LA INTERFAZ DE ADOBE INDESIGN

El espacio de trabajo de InDesign está diseñado para facilitar la creatividad y la eficiencia en el proceso de diseño. Una de sus características más útiles es la capacidad de trabajar con múltiples documentos al mismo tiempo. Los usuarios pueden dividir la ventana en varias secciones para ver y editar varios documentos simultáneamente, lo que facilita la comparación y la referencia cruzada entre diferentes partes de un proyecto.

Ejercicio práctico "1.3.2 Gestionar ventanas en la interfaz" en la página 44.

La interfaz de usuario limpia y bien organizada permite acceder rápidamente a todas las herramientas y funciones necesarias para crear diseños de alta calidad. Se compone de varias partes clave, entre las que se incluyen la barra de herramientas, los paneles de Control o la ventana de documento. Se puede personalizar la disposición de los diferentes elementos según las preferencias y necesidades de cada usuario, arrastrando y soltando los paneles en diferentes ubicaciones o agrupándolos en pestañas.

Para utilizar InDesign de manera eficiente, es importante familiarizarse con la ubicación y funcionalidad de cada una de estas partes de la interfaz. Además, es útil conocer algunos atajos de teclado y técnicas de trabajo rápido, como el uso de estilos de párrafo y carácter (página 114), la agrupación de objetos (página 187) o la alineación y distribución de elementos en la página. (Página 189).

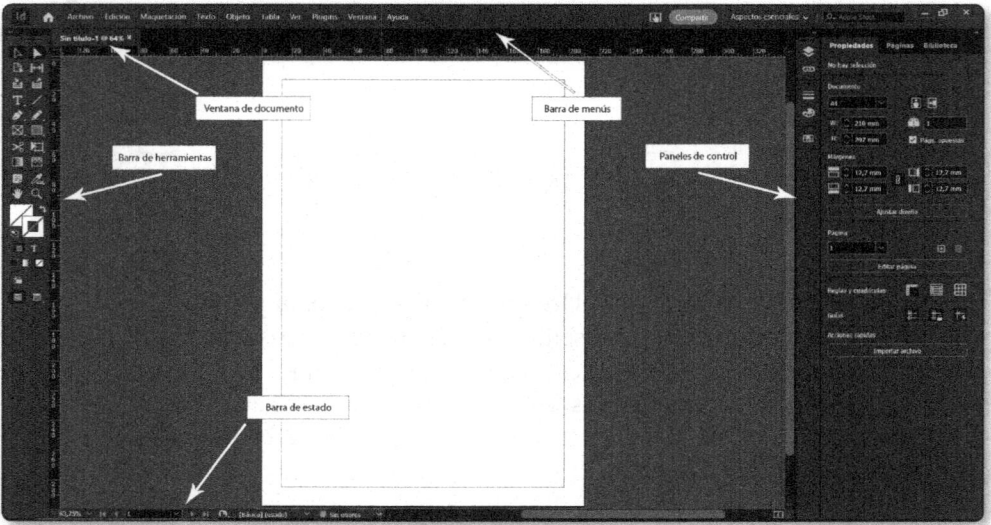

Figura 1.2. Interfaz de Adobe InDesign

1.1 BARRA DE MENÚS

La barra de menús se encuentra en la parte superior de la interfaz de InDesign, en ella podemos distinguir una serie de elementos especialmente destacables:

Los **menús desplegables** permiten acceder a las diferentes funciones del programa. Hay opciones del menú con tres puntos suspensivos, estas funciones, al hacer clic sobre ellas, abren un cuadro de diálogo. Otras opciones del menú muestran una flecha que apunta hacia la derecha, esta flecha indica que existen más opciones que no están siendo visualizadas, debido a que el espacio de la ventana no es suficiente para todos los comandos. Si se hace clic sobre la flecha, se mostrarán el resto de las opciones ocultas.

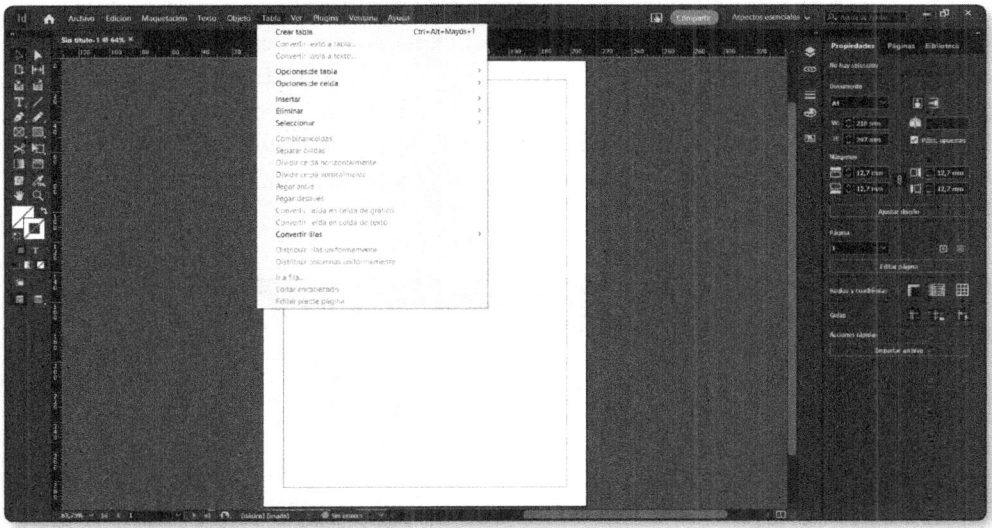

Figura 1.3. Menús desplegables

El programa permite personalizar estos menús mostrando, ocultando o cambiando el color de las diferentes opciones que muestran. Esto se puede lograr a través del menú Edición > Menús. Se abrirá un cuadro de diálogo que otorga estas posibilidades de personalización.

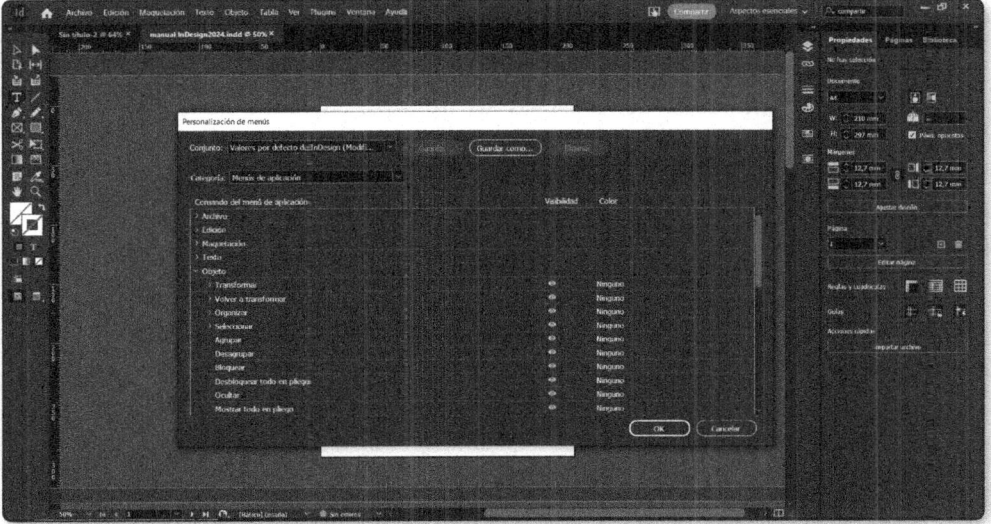

Figura 1.4. Personalización de menús

Uno de los aspectos más importantes a la hora de trabajar en Adobe InDesign es la capacidad de organizar y gestionar eficientemente nuestros proyectos. Una de las herramientas que nos facilita esta tarea es el **conmutador de espacios de trabajo**, que nos permite cambiar rápidamente entre diferentes configuraciones de la interfaz de usuario. Esta opción es útil cuando trabajamos en proyectos diferentes que requieren un enfoque específico en cuanto a las herramientas y paneles que necesitamos tener a mano.

Figura 1.5. Conmutador de espacios de trabajo

En el conmutador de espacios de trabajo encontraremos una lista de configuraciones preestablecidas que se pueden elegir, como por ejemplo "Trabajo", "Digital", "Tipografía", entre otros. Al cambiar entre diferentes espacios de trabajo, podemos optimizar nuestra productividad al tener a disposición las herramientas y paneles que precisamos en cada momento.

Estos espacios de trabajo son configuraciones predefinidas de la interfaz del programa que agrupan paneles y herramientas específicas para diferentes tareas de diseño.

El primer tipo de espacio de trabajo que se puede encontrar en la lista desplegable es el espacio de trabajo por defecto Aspectos esenciales. Este espacio de trabajo incluye los paneles más comunes y utilizados, como el panel de Páginas, el panel de Capas y el panel de Estilos. Es ideal para usuarios que están comenzando a utilizar el programa y que no tienen preferencias específicas en cuanto a la disposición de los paneles.

Otra opción disponible es el espacio de trabajo Libro, en él se encuentran herramientas como el panel de Páginas, que permite visualizar y modificar el orden de las páginas, así como aplicar estilos de página de forma consistente en todo el documento o el panel de Capítulos, que facilita la organización y navegación entre los diferentes archivos que componen el libro.

También, se puede encontrar el espacio de trabajo de Tipografía, que está orientado a usuarios que trabajan intensamente con texto y fuentes. Incluye paneles como el panel de Carácter y el panel de Párrafo, que facilitan la edición y el formato de texto de manera precisa y eficiente. Se pueden, además, personalizar espacios de trabajo propios según nuestras y guardar la disposición de la interfaz personalizada para poder acceder a ella rápidamente en el futuro.

Ejercicio práctico "1.3.3 Crear espacio de trabajo personalizado" en la página 45.

Seleccionando algunos espacios de trabajo se mostrará, bajo la barra de menús, el panel de Control. También, se puede hacer visible desde el menú Ventana > Control.

En este panel se exponen las diferentes opciones posibles que nos brinda cada herramienta que se tenga seleccionada.

Figura 1.6. Panel de Control

El **buscador,** en la esquina superior derecha de la pantalla, es una función fundamental que permite encontrar rápidamente soluciones a dudas concretas sobre el funcionamiento del programa, seleccionando en la imagen de la lupa la opción "Ayuda de Adobe"; o imágenes dentro del banco que proporciona Adobe Stock.

El botón **Compartir** es una función que permite crear un vínculo para poner en común fácilmente los documentos de InDesign con diferentes colaboradores y recibir comentarios y revisiones. Otra vía de acceder a esta opción es mediante el menú Archivo > Compartir para revisión. Que abrirá el mismo cuadro de diálogo.

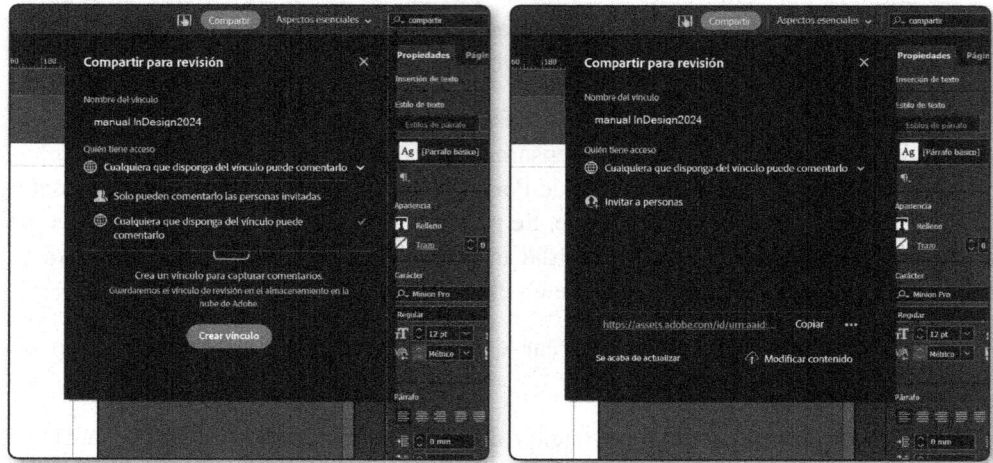

Figura 1.7. Compartir

1.2 BARRA DE ESTADO

La barra de estado es una herramienta clave que proporciona información útil y funcionalidades importantes para el usuario mientras trabaja en sus diseños. Ubicada en la parte inferior de la interfaz de usuario, la barra de estado muestra datos como la cantidad de páginas en el documento, la posición del cursor, la escala de visualización actual y los modos de vista activos.

Uno de los usos más comunes de la barra de estado es para cambiar la escala de visualización del diseño. Se puede hacer zoom in o zoom out utilizando los controles de zoom ubicados en esta zona, lo que permite ver el diseño en detalle o tener una vista general del documento con facilidad. Además, la barra de estado también indica si se está trabajando en modo de previsualización, mostrando una vista previa de cómo se verá el diseño una vez impreso o exportado.

1.3 BARRA DE HERRAMIENTAS

Esta barra se encuentra ubicada en la parte izquierda de la pantalla de trabajo y contiene una amplia variedad de herramientas que permiten crear y editar diseños de manera eficiente y profesional. Las herramientas que se acompañan de un triángulo en la parte inferior derecha del icono se pueden desplegar y muestran más opciones.

Por defecto se muestran los distintos iconos en dos columnas, esta disposición se puede cambiar haciendo clic en las dos flechitas que se encuentran en la parte superior de la barra. Esta también se puede hacer flotante y colocarse en cualquier parte del documento, simplemente hay que arrastrarla a donde se desee, y volver a arrastrarla al lugar de origen para anclarla de nuevo en su lugar inicial.

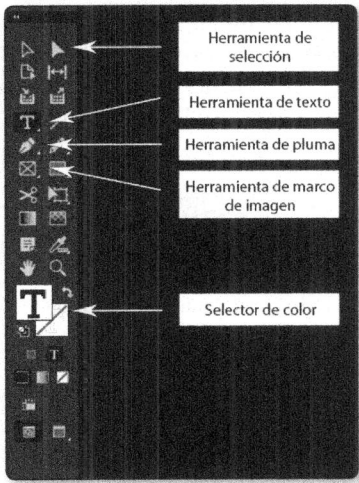

Figura 1.8. Barra de herramientas

Entre los útiles más frecuentemente usados en esta barra se encuentran la herramienta de selección (atajo de teclado V), que permite seleccionar y manipular objetos en el diseño; la herramienta de texto (atajo de teclado T), que otorga la posibilidad de añadir y editar textos; la herramienta de formas (atajo de teclado L), que permite crear y editar formas geométricas; la herramienta de pluma (atajo de teclado P), para crear trazados libres; y la herramienta de cuchilla (atajo de teclado C), que permite cortar y dividir objetos. Además, también incluye herramientas de dibujo avanzadas como la herramienta de línea (atajo de teclado H), la herramienta de lápiz (atajo de teclado N) y la herramienta de pincel (atajo de teclado B), que se usan para crear trazos personalizados y dibujar a mano alzada.

1.3.1 Herramienta de Selección

La herramienta de Selección permite seleccionar un objeto completo, ya sea un marco de texto, una imagen o cualquier otro elemento en la página. Haciendo clic en el objeto, se puede manipular, modificar o mover según sea necesario. Esta herramienta es fundamental para realizar cambios rápidos y precisos en el diseño de una página.

Figura 1.9. Herramienta de Selección

Por otro lado, la herramienta de Selección directa es ideal para realizar ajustes finos en un objeto seleccionado. Con esta herramienta, se pueden editar los puntos de anclaje de un objeto, ajustar las dimensiones, cambiar la forma y realizar modificaciones detalladas para lograr un diseño perfecto.

Figura 1.10. Herramienta de Selección directa

1.3.2 Herramienta Página

Esta herramienta permite modificar el tamaño de una o varias páginas del documento de forma independiente a las demás páginas y a la página principal.

Figura 1.11. Herramienta Página

1.3.3 Herramienta Texto

La herramienta Texto es fundamental en el uso de InDesign, permite crear marcos de texto rectangulares de la medida que se desee al realizarlo.

Figura 1.12. Herramienta de Texto

Esta herramienta también permite ingresar texto dentro de formas. Pasando el cursor sobre una elipse o un polígono, el símbolo indicativo de la herramienta cambiará señalando que en ese punto el texto que se inserte lo hará dentro de la figura sobre la que se sitúa el cursor.

Al desplegar esta herramienta se puede seleccionar Texto en trazado, que permite incluir un texto sobre un trazado previamente realizado, adaptándose a su trayectoria. Una vez creado el texto, se pueden ajustar diferentes características, como el espaciado entre los caracteres o la posición sobre el trazado a través del menú Texto > Texto en trazado > Opciones.

El trazado se puede modificar con las herramientas de selección, modificándose en consecuencia el texto que contiene.

Si la longitud del texto es mayor que el trazado se mostrará un icono en forma de + rojo indicando que existe contenido que no se está visualizando. Si el trazado es mayor que el texto insertado y se quiere modificar la disposición de este último en el trazado, puede lograrse posicionando el cursor al inicio o el final del texto y, cuando el icono lo indique arrastrar variando así el comienzo o el final de la redacción.

1.3.4 Herramienta de Forma

La herramienta forma permite crear una variedad de formas básicas, como rectángulos, círculos y polígonos, cuyas características se pueden personalizar en el panel Propiedades que se muestra accediendo a través del menú Ventana o, como se explicó en la página 21, a través de Ventana > Control.

Figura 1.13. Herramienta de forma

Si se desea que la forma realizada se enmarque dentro de un cuadrado perfecto, se deberá mantener pulsada la tecla h mientras se crea el objeto.

Manteniendo pulsado el icono de la herramienta forma se desplegará un menú que incluye las tres opciones de formas disponibles. De forma predeterminada, con la herramienta polígono se crea una estrella de seis puntas. Sin embargo, al hacer un solo clic sobre la página, se puede configurar su apariencia a través del cuadro de diálogo Polígono.

1.3.5 Herramienta de marco de Imagen

Esta herramienta permite insertar imágenes en el documento arrastrando el cursor para crear un cuadro del tamaño deseado en el que se insertará la imagen a través del menú Archivo > Colocar.

Figura 1.14. Herramienta marco de imagen

1.3.6 Herramienta de Pluma

Esta herramienta se utiliza para crear trazos rectos, curvos y combinaciones de ambos, estos trazos pueden abrirse o cerrarse, creando una forma.

Para crear líneas rectas se debe hacer clic en diferentes puntos del lienzo. Se irán creando puntos de ancla o nodos unidos por una línea, si el último nodo se crea sobre el punto de origen, dará lugar a un trazado cerrado compuesto por líneas rectas.

Para crear un trazado curvo se puede bien ajustar los puntos de ancla y las curvas de dirección de un trazado de líneas rectas, o bien crear uno desde cero. Para esto, al hacer clic en un punto, se debe mover el cursor aún pulsado, el nodo creado mostrará entonces unas líneas denominadas manejadores cuya función es ajustar la curva a las necesidades requeridas. Los manejadores se mueven por defecto de forma simétrica, si se desea operar con cada uno de forma individual se puede hacer manteniendo pulsada la tecla Alt o bien usando la herramienta convertir en punto de dirección.

Figura 1.15. Herramienta Pluma

Mediante la herramienta de Selección directa (página 24), se pueden seleccionar puntos de ancla individuales para ajustar la forma y longitud de un trazado, así como modificar las curvas de dirección para obtener resultados precisos.

Las herramientas Añadir punto de anclaje y Eliminar punto de anclaje, crean y sustraen respectivamente puntos de ancla de un trazado previamente creado.

Figura 1.16. Herramienta Eliminar   **Figura 1.17.** Herramienta Añadir
punto de anclaje   punto de anclaje

La herramienta convertir en punto de dirección permite transformar un punto de anclaje recto en uno curvo y viceversa. Para transformar un nodo curvo en uno recto basta con hacer clic sobre él. Para convertir un punto de ancla recto en uno curvo se debe hacer clic y arrastrar para mostrar los manejadores.

Figura 1.18. Herramienta Convertir en punto de dirección

Ejercicio práctico "1.3.4 Crear texto en trazado" en la página 46.

1.3.7 Seleccionador de Color

En la zona inferior de la barra de herramientas se encuentran unos cuadrados superpuestos que permiten seleccionar el color, tanto de relleno como de trazo, con el que se va a trabajar.

La letra T enmarcada en este espacio indica que se está seleccionando el color de relleno y/o trazo de un texto, sin embargo si los cuadrados se muestran relleno uno y bordeado el otro indica que se está seleccionando el color de un contenedor, bien sea una forma, un marco de texto o cualquier otro elemento susceptible de coloreado.

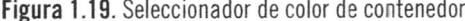   

Figura 1.19. Seleccionador de color de contenedor   **Figura 1.20.** Seleccionador de color de texto

Se puede observar una réplica de estos dos cuadrados en una versión mucho más pequeña justo debajo del seleccionador de color. Se trata de un atajo rápido para elegir los colores que por defecto son los más utilizados.

Al seleccionar un color, ya sea de trazo o de relleno, se coloreará también un pequeño rectángulo bajo el seleccionador de color, esto facilita mucho la tarea de escoger el mismo tono para trazo y relleno.

Al lado de este rectángulo se encuentran otros dos, se trata de sendos atajos para aplicar un degradado o un color transparente al objeto o texto seleccionado.

Ejercicio práctico "1.3.5 Modificar colores desde la barra de herramientas" en la página 50.

1.4 PANELES

Los paneles son ventanas que contienen herramientas y controles que facilitan la creación y edición de documentos. Se pueden encontrar en la parte derecha de la interfaz y se pueden arrastrar y soltar para organizarlos de acuerdo a la preferencia del usuario: permiten ser agrupados, convertidos en ventanas flotantes, ocultados o minimizados según las particularidades de cada trabajo.

Para mostrar paneles que por defecto se encuentran ocultos hay que seleccionarlos a través del menú Ventana. Para dejar de ver un panel se deberá arrastrar hasta convertirlo en una ventana emergente y clicar en las aspas de cierre que aparecerán en la esquina superior derecha de la ventana.

Para agrupar paneles basta con arrastrar uno junto a otro y que darán agrupados, cuando se desplieguen lo harán en forma de pestañas. Es una forma eficiente de tener accesibles todas las herramientas de, por ejemplo color o texto, que se necesiten utilizar.

Los paneles se pueden mostrar todos desplegados en columna o visualizarse sólo el icono de cada uno e ir desplegándose en forma de pestaña según se vayan utilizando. Estos dos modos de visualización se pueden cambiar con la pequeña flecha doble que se encuentra en la parte superior de la columna.

1.4.1 Panel Capas

Al igual que otros programas de la Suite de Adobe, como Photoshop o Illustrator, InDesign basa la jerarquía de los elementos de un documento en capas.

Mediante ellas es posible organizar el contenido de los trabajos posibilitando ocultar o bloquear fácilmente todos los elementos existentes. Las capas son como un conjunto de láminas transparentes apiladas una sobre otra, en cada una de las cuales se coloca distinto contenido que luego forma una única composición al superponer una lámina sobre otra.

El panel Capas se puede desplegar desde el menú Ventana > Capas o con el atajo de teclado F7, aunque con normalidad ya se encuentra en la barra de paneles de forma predeterminada.

Por defecto se encuentra ya creada la Capa 1. Para cambiar el nombre de esta, se puede optar por varias vías: cliclando despacio dos veces sobre ella, o haciendo un rápido doble clic, esto abrirá una ventana emergente donde, entre otros parámetros, se puede modificar el nombre de la capa. A esta ventana también se puede llegar a través del icono que representa varias líneas paralelas situado en la esquina superior derecha del panel y seleccionando Opciones de capa.

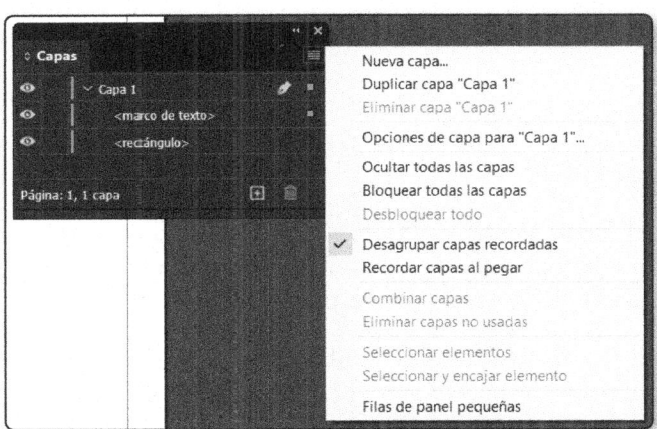

Figura 1.21. Panel Capas

Se pueden crear nuevas capas, bien a través del icono recientemente señalado, escogiendo Nueva capa, lo que abrirá una ventana emergente similar a la anterior para seleccionar las características con las que se desea crear la capa; o bien a través del icono con forma de signo matemático de suma que se encuentra en la barra inferior del panel.

Siguiendo las mismas instrucciones, pero optando esta vez por "eliminar capa" y por el icono de la papelera, se pueden suprimir capas del documento.

También, existe la posibilidad de duplicar capas ya existentes. Un modo es seleccionando, en el menú del panel, Duplicar capa. También, se puede copiar una capa seleccionando esta y arrastrándola hacia el icono del signo suma situado en la barra inferior del panel.

Las capas, y también los elementos que ellas contienen de forma individual, son susceptibles de hacerse visibles o no, activando o desactivando el símbolo del ojo que se encuentra junto a su nombre. A través del menú del panel se pueden ocultar todas las capas, si no se tiene seleccionada ninguna, u ocultar todas excepto la que sí está seleccionada. De igual modo funciona el bloqueo de capas, que impide que las capas o elementos bloqueados sean editables.

1.4.2 Panel Ceñir texto

Con esta función, se puede controlar la forma en que el texto se ajusta alrededor de elementos gráficos como imágenes o formas, permitiendo una presentación visualmente atractiva y fácil de leer, otorga la flexibilidad de personalizar la forma en que el texto interactúa con los elementos gráficos del diseño. Las distintas posibilidades que brinda esta función serán desarrolladas ampliamente más adelante (página 133).

1.4.3 Paneles de Color

Desde el menú Ventana > Color se puede acceder a los tres paneles que permiten controlar las opciones de color en In Design: Color, también accesible con el atajo de teclado F6, Degradado y Muestras (F5).

El panel Color nos permite cambiar entre los diferentes modos de color CMYK, RGB, Lab, etc. Y seleccionar el color deseado, tanto en una barra de color degradado como ajustando los porcentajes de cada una de las tintas que componen el tono elegido.

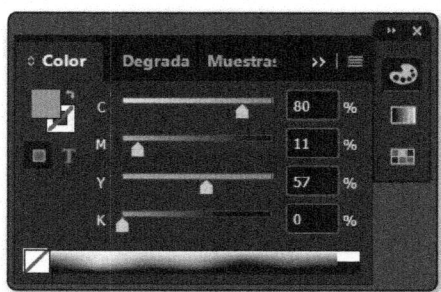

Figura 1.22. Panel Color

El panel Degradado ofrece distintas opciones de ajuste para objetos con colores degradados, tanto modificar estos colores como cambiar el ángulo y el tipo de degradado.

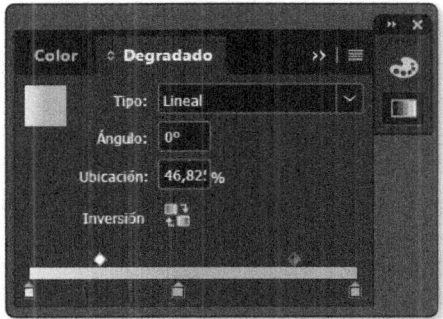

Figura 1.23. Panel Degradado

El panel Muestras contiene una selección de colores por defecto a los que se les pueden añadir nuevas muestras para un fácil acceso a estas tintas. Es especialmente útil para trabajar un documento en el que se reitera el uso de los tonos contenidos en una paleta de colores definida.

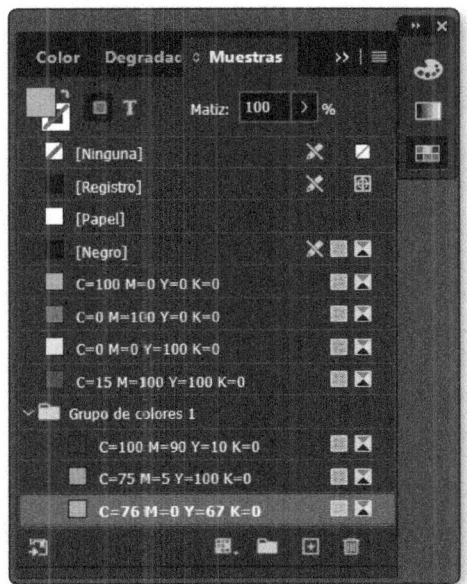

Figura 1.24. Panel Muestras

Una vez determinada la tonalidad, ya sea color plano o degradado, se puede añadir a la lista del panel a través del menú de este o clicando en el icono del símbolo + en la parte inferior del panel. Se sumará el color elegido al inventario del panel, pudiendo cambiar el nombre con el que se expone de la misma forma descrita anteriormente para cambiar el nombre de las capas (página 29).

Si un color incluido en esta lista y asignado a varios objetos se modifica desde el panel Muestras, se modificará a su vez en todos los elementos en los que se ha aplicado. Del mismo modo, si se elimina un color de la lista que haya sido asignado a algún elemento del documento, InDesign abrirá una ventana emergente solicitando un nuevo tono por el que sustituir el que se está desechando.

El panel Muestras permite crear carpetas para contener distintos grupos de colores y facilitar así la organización de estos. En ese sentido, también dispone a través del menú de panel de la opción Seleccionar no usados que posibilita el eliminar muestras que ocupan un espacio innecesario y dificultan la tarea de encontrar un determinado color en el listado.

Como **novedad en la versión de Adobe InDesign 2024** se incluye la función Buscar este color, accesible a través del menú del panel y desde el menú Edición > Buscar/ Cambiar... esta nueva posibilidad de búsqueda permite la tarea de buscar en el documento en el que se está trabajando o en todos los documentos abiertos, un color concreto e incluso reemplazarlo por otro al mismo tiempo (página 208).

1.4.4 Paneles de estilo

Los estilos son un conjunto de características que se aplican a distintos objetos para que compartan cualidades y el documento creado tenga coherencia. Por ejemplo, se puede crear un estilo para los títulos de un documento con una tipografía, tamaño y color determinado y, a la hora de crear un título aplicar el estilo a este en lugar de ir ajustando todos los parámetros uno a uno. Esto, además tiene la ventaja de que al modificar un estilo, se cambiará también allá donde se ha aplicado. Siguiendo el ejemplo anterior, si se desea cambiar el tamaño asignado a los títulos, bastará con cambiar los parámetros definidos en el estilo para que se modifique el tamaño en todos los títulos del documento.

Los diferentes paneles de estilo se pueden mostrar a través del menú Ventana > Estilos. InDesign cuenta con paneles para definir el estilo de carácter, celdas, objetos, párrafos y tablas.

Las distintas funciones de estos paneles se detallarán más adelante.

Figura 1.25. Paneles de estilo

1.4.5 Panel Páginas

El panel Páginas es una herramienta absolutamente indispensable para organizar y gestionar de manera eficiente la estructura de un documento en InDesign. Permite visualizar y manipular fácilmente las páginas dentro de un proyecto, facilitando la creación de diseños complejos y la gestión de múltiples secciones. Dada la importancia de esta función se desarrollará más ampliamente en el capítulo Trabajar con páginas,"1.5.3 Panel Páginas" en la página 74.

1.4.6 Panel Propiedades

Este panel permite acceder a una serie de opciones y ajustes personalizables que variará según los elementos seleccionados en el documento.

Si no existe ningún elemento seleccionado, el panel propiedades mostrará diferentes opciones para ajustar el diseño del documento y de las páginas de forma individual, así como de las reglas y las guías.

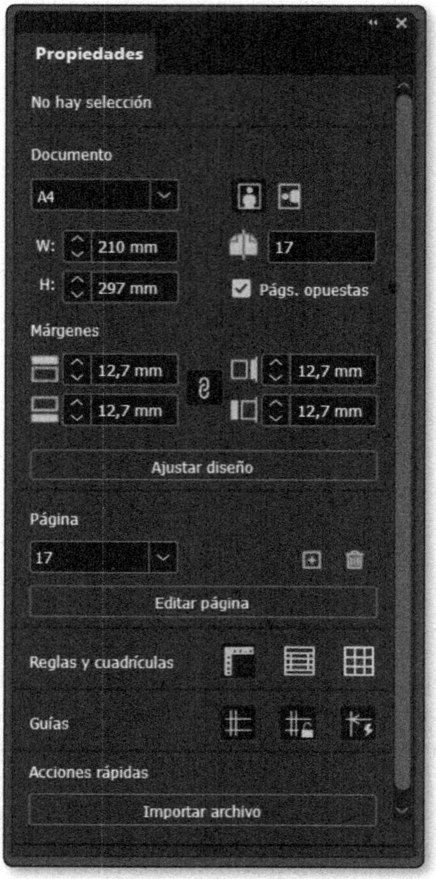

Figura 1.26. Panel Propiedades

Si el elemento que se tiene seleccionado es un texto, el panel Propiedades mostrará un gran número de opciones para editarlo, desde acceso directo a los estilos de carácter y texto a modificaciones en la tipografía, pasando por el color de relleno y trazo del texto seleccionado. También, ofrece la posibilidad de ajustar los parámetros del párrafo, incluir viñetas, notas a pie de página o rellenar el espacio libre del marco de texto con texto de relleno.

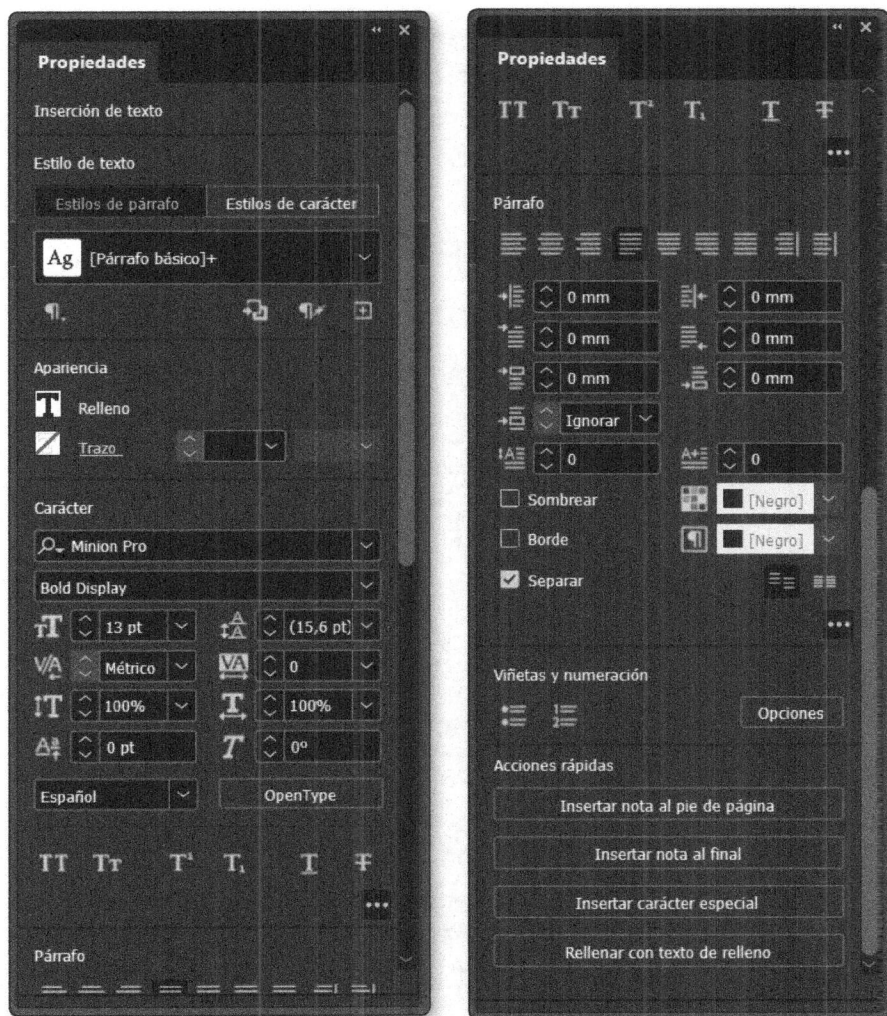

Figura 1.27. Panel Propiedades con texto seleccionado

Si el elemento seleccionado es un objeto, el panel Propiedades mostrará opciones distintas como las que permiten transformar la apariencia del objeto modificando sus medidas, proporcionalmente o no, o la disposición del elemento en el documento. Si se hace clic en los tres puntos situados en la parte inferior derecha de cada bloque de opciones se desplegarán más alternativas de personalización, en este caso sesgar, rotar y escalar según porcentaje. También, permite cambiar los colores y la opacidad de estos, modificar los vértices, el grosor y tipo de trazo o añadir efectos (página 190) al objeto.

Figura 1.28. Panel Propiedades con objeto seleccionado

1.4.7 Panel Información

El panel Información proporciona datos dependiendo del objeto que se tenga seleccionado. Las coordenadas en las que se sitúa sobre el eje X y el eje Y, la altura y la anchura.

Si se sitúa el cursor sobre el contenido de un marco de texto, el panel Información mostrará el número de caracteres, palabras, líneas y párrafos que contiene dicha caja. Si se trata de marcos de texto enlazados (página 100), mostrará la información de todos en conjunto.

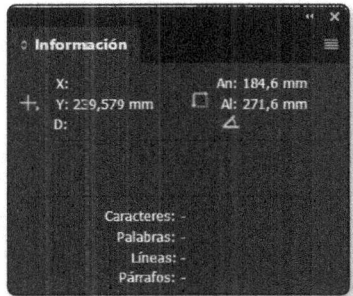

Figura 1.29. Panel Información

1.4.8 Paneles de Texto y Tablas

Para mostrar los paneles de texto y tablas se debe acceder al menú Ventana > Texto y tablas y seleccionar en el desplegable el panel deseado. Los paneles más importantes de este grupo se explicarán en mayor profundidad más adelante.

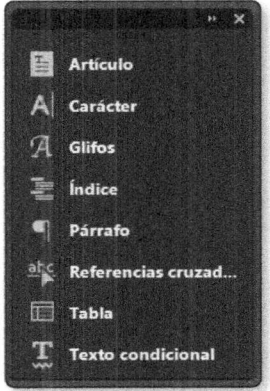

Figura 1.30. Paneles de Texto y Tablas

1.4.9 Panel Vínculos

Cuando las imágenes del documento están vinculadas a este, se muestran, pero no forman parte de él si no una referencia del archivo original, si el nombre, la carpeta o el contenido del archivo es modificado se pueden gestionar los cambios fácilmente a través del panel Vínculos. Las funciones de este panel se desarrollarán en detalle en la página 172.

1.5 MENÚS CONTEXTUALES

Los menús contextuales se muestran al hacer clic con el botón secundario del ratón sobre una zona o elemento de la ventana. Las opciones que exponen dependen de dónde se clica, pueden mostrar un acceso rápido a funciones del programa tales como reemplazar texto, ajustar el nivel de zoom o bloquear objetos.

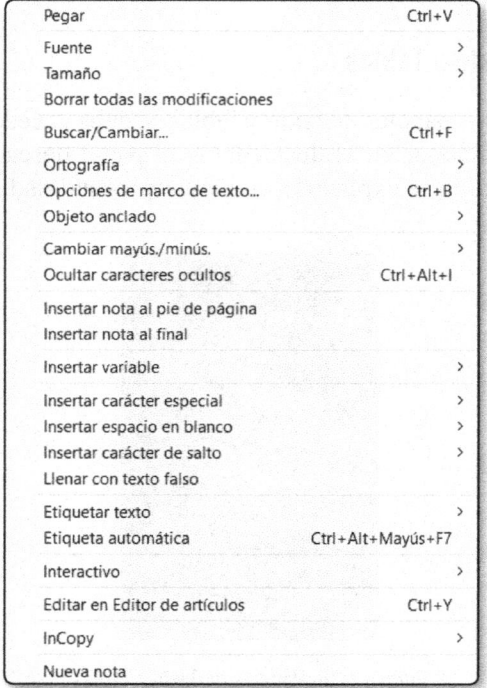

Figura 1.31. Menú contextual

1.6 MODOS DE PANTALLA

Los modos de pantalla permiten cambiar la visibilidad del entorno de trabajo. Existen varios modos de pantalla en Adobe InDesign: modo normal, modo de previsualización, sangrado, anotaciones y modo presentación. Cada uno de ellos ofrece una experiencia de trabajo única y se puede cambiar fácilmente con solo un clic. Para alternar entre los modos de pantalla disponibles se debe acceder al menú Ver > Modos de pantalla. También, se puede cambiar el modo de pantalla utilizando los botones situados al final de la barra de herramientas.

Figura 1.32. Botones para cambiar el modo de pantalla desde la barra de herramientas

El modo **Normal** es el modo por defecto en InDesign y muestra el documento con todos los objetos y ayudas visuales que se tengan en ese momento en uso (líneas guía, cuadrículas, reglas, etc.), muestra, además, en pantalla los objetos no imprimibles y la mesa de trabajo (situada a ambos lados de la hoja). En este modo, los usuarios pueden acceder a todas las funciones de edición y maquetación de documentos de forma rápida y sencilla.

El modo de **Previsualización** es útil para revisar cómo se verá el diseño final antes de la impresión o exportación. En este modo, se ocultan los marcos de texto y las guías de maquetación, lo que permite al diseñador centrarse en la apariencia visual del documento.

En el modo **Sangrado** el documento se visualiza como en el anteriormente descrito con la particularidad de que también se muestran los elementos situados en el espacio sangrado.

De la misma forma, en el modo **Anotaciones**, el documento se visualiza como en el modo de Previsualización, añadiendo a esta vista las anotaciones del documento.

El modo **Presentación** es ideal para mostrar de forma visual y atractiva el diseño a clientes o colaboradores. En este modo, se ocultan todas las barras de herramientas y paneles, dejando solo el diseño en pantalla completa. Para navegar por el documento pasando páginas hacia delante y hacia detrás se deben usar las flechas correspondientes del teclado, y para salir de este modo de pantalla se hará pulsando la tecla Esc.

1.7 REGLAS Y GUÍAS

Estas funciones ayudan a alinear elementos en los diseños y mantener la consistencia en todo el proyecto.

Las reglas permiten medir y alinear objetos en el lienzo, controlando la posición y el tamaño de los elementos en el diseño de manera precisa. Existen dos reglas: horizontal y vertical, cuyas unidades de medida se pueden ajustar en las preferencias de InDesign para adaptarse a las necesidades, ya sea en pulgadas, centímetros, picas o puntos, este ajuste se puede realizar a través del menú Edición > Preferencias > Unidades e incrementos, o clicando con el botón secundario del ratón sobre las reglas para hacer emerger un menú contextual en el que se ofrece la posibilidad de modificar el parámetro que nos ocupa.

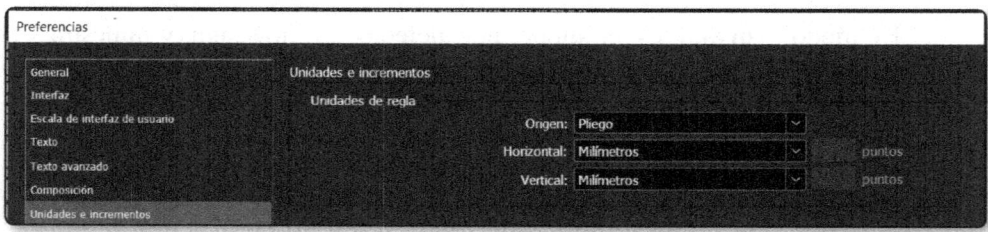

Figura 1.33. Cambiar las preferencias de la función Reglas a través del menú Edición

Las reglas se pueden visualizar o no con el atajo de teclado Ctrl R, también desde el menú Ver y desde el panel Propiedades cuando no se tiene ningún elemento seleccionado.

Por defecto el punto 0 de las reglas, es decir, desde donde empieza a medir, es la esquina superior izquierda del documento. Este punto se puede modificar de forma manual arrastrando la cruceta discontínua que se encuentra en la unión de la regla horizontal y la vertical. Si se desea colocar el punto cero sobre el centro de un documento de dos pliegos, como puede ser un catálogo o un libro, se debe clicar con el botón secundario del ratón y en el menú contextual emergente seleccionar Regla sobre lomo.

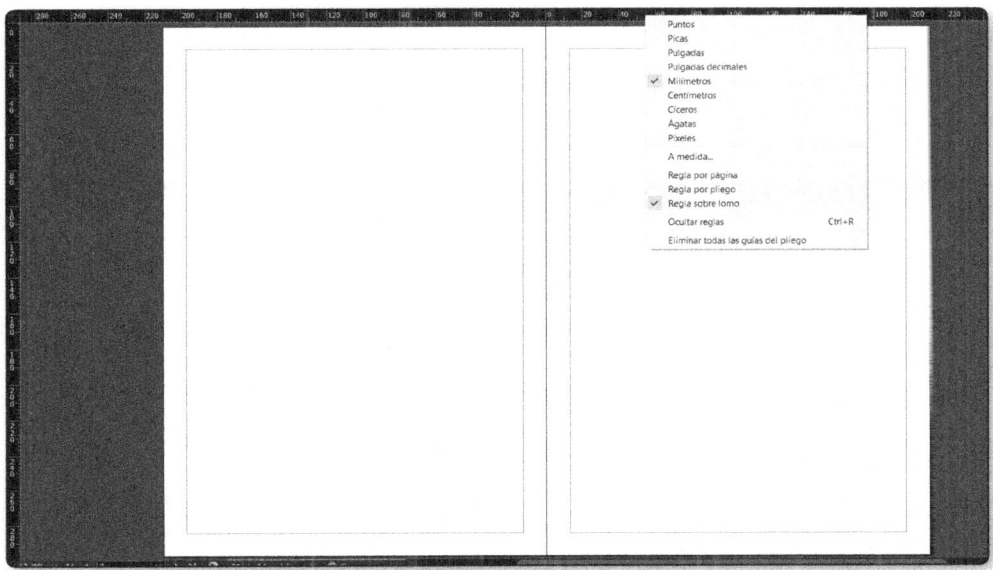

Figura 1.34. Regla sobre lomo y menú contextual

Con la opción Regla por página contenida en este mismo menú, se establecerán varios puntos de origen de medida, uno en cada esquina superior izquierda de cada página que contenga el documento.

Figura 1.35. Regla por página en un pliego de tres páginas

Las guías permiten establecer líneas de referencia en tu documento, estas se colocan en el lienzo para marcar áreas de interés o alinear objetos.

Las guías se encuentran escondidas dentro de las reglas, pinchando sobre una de estas, ya sea la horizontal o la regla vertical, y arrastrando, saldrá una línea azul que se puede posicionar en el lugar deseado de la página. Por defecto las guías que salen de las reglas son guías de página, es decir, se muestran sólo en la página seleccionada, independientemente del número de estas con las que cuente el pliego. Si se desea colocar una guía en todo el pliego se debe realizar el mismo proceso manteniendo la tecla Ctrl pulsada al arrastrar, de este modo se creará una guía de pliego que ocupará todas las páginas de este.

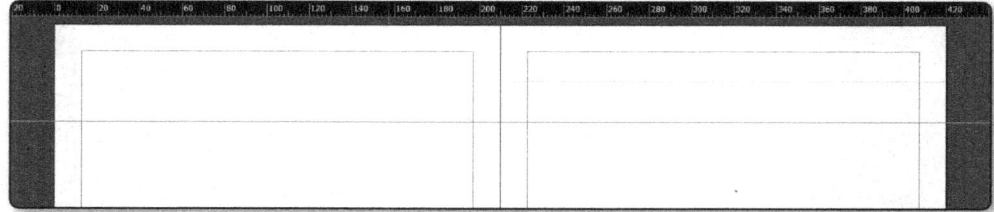

Figura 1.36. Guía de página y guía de pliego

Cuando una guía se encuentra seleccionada se muestra por defecto en un color azul oscuro y cuando no está seleccionada en un tono cian, este se puede cambiar a través del menú Maquetación > Guías, o del panel Propiedades, en este panel se puede, además, ajustar la posición de la guía en el lienzo.

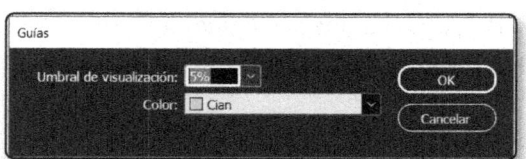

Figura 1.37. Cambiar color de guías

Las guías se pueden bloquear para no moverlas por accidente desde el menú Ver > Cuadrículas y guías > Bloquear guías; o bien, con una o varias guías seleccionadas, clicando con el botón secundario del ratón para acceder al menú contextual en el que se ofrece también la opción de Bloquear guías.

A través de los mismos menús se puede controlar la visibilidad de las guías, controlando si se muestran o se ocultan para no distraer en el documento, y se pueden eliminar todas las guías del pliego de una sola vez. Para eliminar una sola guía puede arrastrarse esta de nuevo hacia la regla de origen, o bien eliminarse mediante la tecla Supr cuando está seleccionada.

Las guías cuentan con una curiosa y gran utilidad, permiten que los elementos que se acerquen a una determinada distancia de ellas se vean atraídos como si de un imán se tratase, facilitando enormemente la labor de alinear y distribuir objetos. La distancia a la que se ven atraídos los elementos se puede ajustar mediante el menú Edición > Preferencias > Guías y mesa de trabajo, en el apartado Opciones de guía.

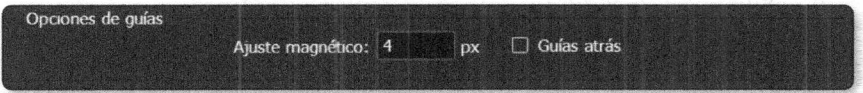

Figura 1.38. Ajuste magnético

Existe otro tipo de guías, denominadas guías inteligentes, de las que se tratará en detalle en páginas posteriores.

1.8 EJERCICIOS PRÁCTICOS

1.8.1 Crear documento nuevo

Vamos a crear un sencillo documento nuevo basado en los ajustes preestablecidos de InDesign.

En la pantalla de inicio que se muestra al ejecutar el programa, haremos clic en más ajustes preestablecidos. Por defecto se mostrarán en pantalla los ajustes preestablecidos más comunes de cada tipo de archivo que se puede crear con InDesign. En este caso vamos a optar por un documento de formato algo menos común para explorar un poco más las posibilidades que nos brinda la pantalla de inicio.

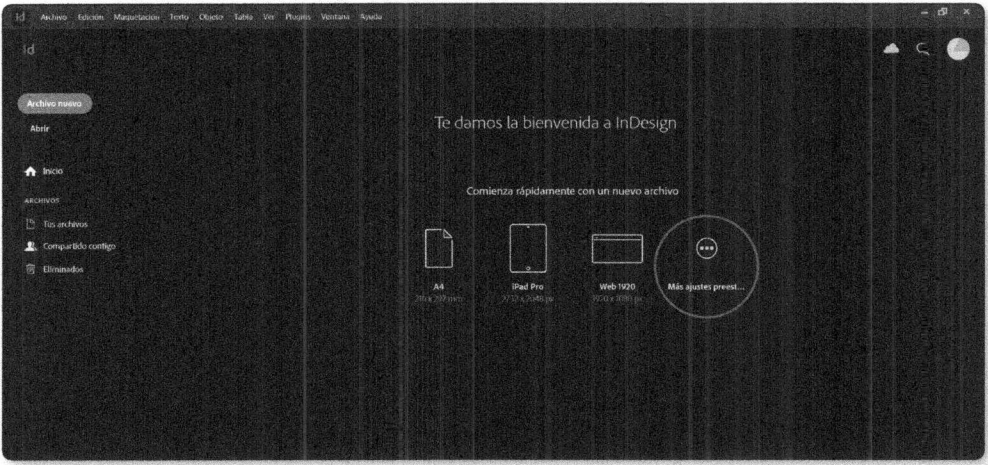

En la ventana de creación de nuevo documento que se muestra nos aseguraremos de tener seleccionada la pestaña imprimir y optaremos por un documento tamaño A5 de entre los propuestos por el programa.

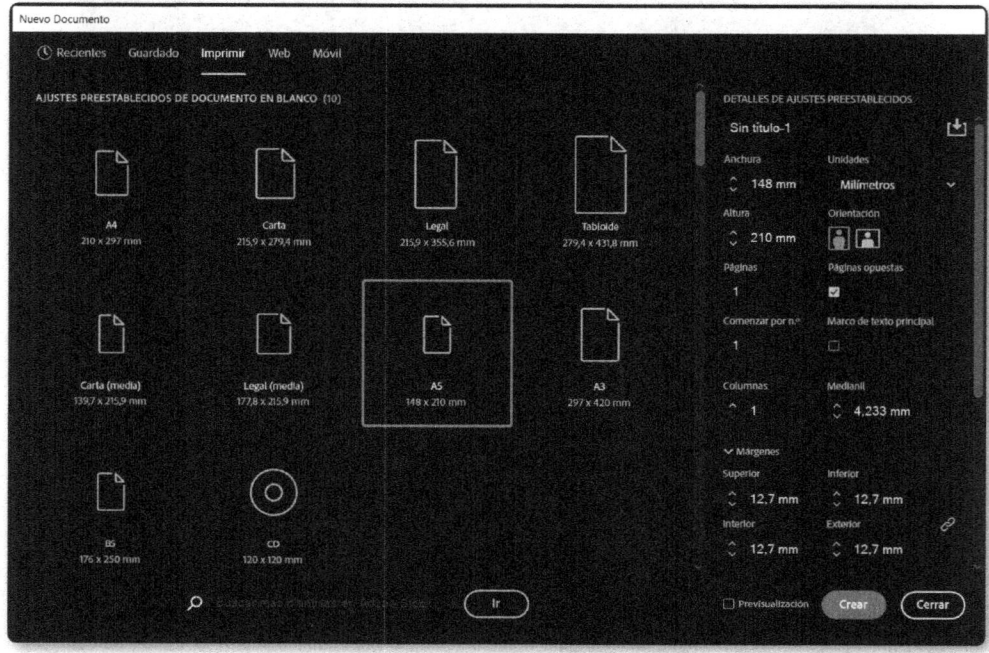

Haremos clic en el botón Crear sin modificar ninguno de los parámetros que se muestran a la derecha de la ventana puesto que más adelante trabajaremos con este documento y modificaremos sus propiedades.

1.8.2 Gestionar ventanas en la interfaz

En este sencillo ejercicio vamos a comprobar de forma práctica cómo pueden gestionarse los documentos abiertos dentro del espacio de trabajo.

Por defecto InDesign abrirá los documentos en pestañas para visualizar cada uno por completo en el espacio de trabajo cuando se esté trabajando con él. Pero en ocasiones resulta práctico visualizar varios documentos a la vez. Para ello simplemente habremos de hacer clic en la pestaña del documento deseado y arrastraremos el cursor para separarla.

El documento entonces se mostrará en una ventana independiente que se puede minimizar, maximizar, o devolver a su lugar original arrastrándola de nuevo.

1.8.3 Crear espacio de trabajo personalizado

Cuando hemos encontrado una configuración del espacio de trabajo que nos resulta útil y cómoda, es posible que queramos recurrir a ella con frecuencia al trabajar en distintos proyectos.

Para guardar la disposición del espacio de trabajo que hemos creado, debemos hacer clic en el conmutador de espacios de trabajo situado en la barra de menús, y seleccionar Nuevo espacio de trabajo.

Se abrirá una ventana emergente en la que podremos poner nombre al nuevo espacio de trabajo y seleccionar aquellas opciones de personalización que se desean guardar.

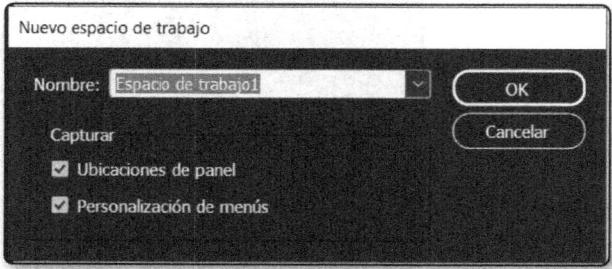

1.8.4 Crear texto en trazado

En este ejercicio practicaremos con varias herramientas, primero crearemos un trazado con la herramienta **pluma** y lo modificaremos con la herramienta de **selección directa**, para utilizarlo después como guía de un **texto**.

Con la herramienta **pluma** seleccionada haremos clic en el lienzo, tras esto volveremos a clicar en otro punto del lienzo y, sin soltar, desplazaremos el cursor (aparecerán los manejadores y el trazado se hará curvo en este punto), nuevamente haremos clic en otro punto y para finalizar crearemos un último punto de ancla.

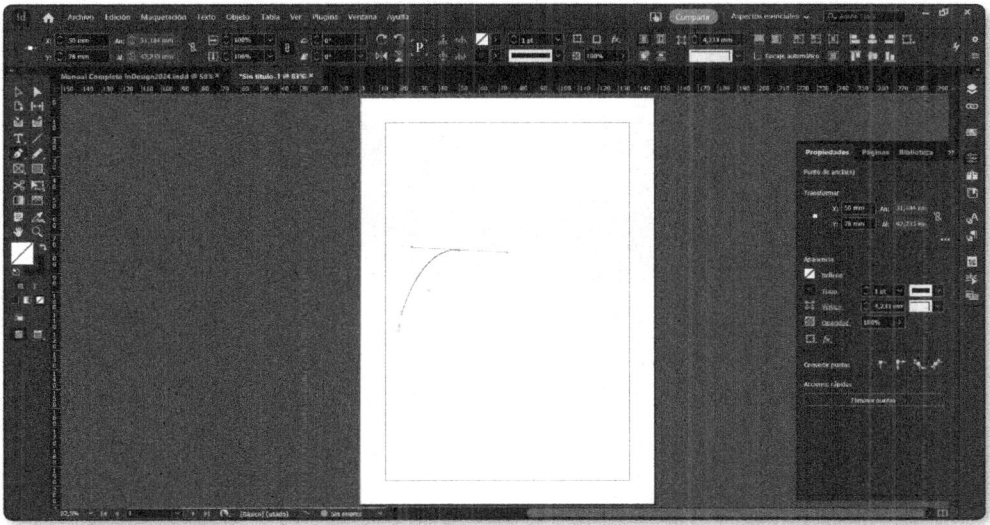

Con la herramienta de selección directa elegiremos los nodos pertinentes para ajustar el trazado.

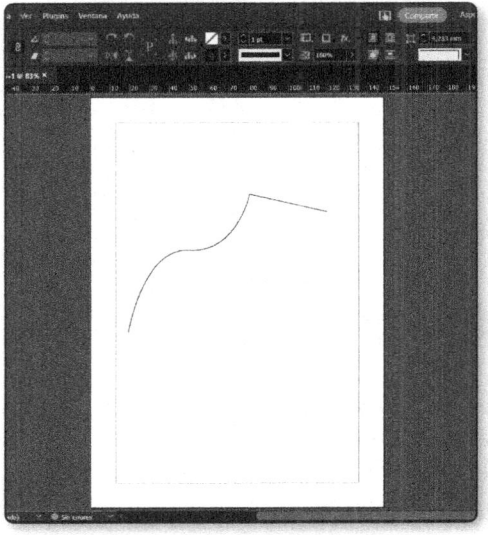
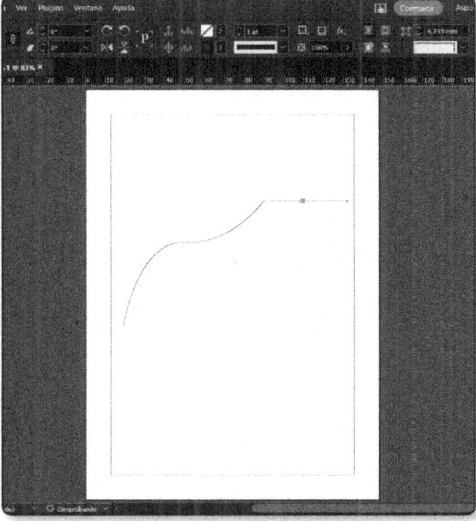

Dejaremos pulsada la herramienta Texto en la barra de herramientas para que se desplieguen las distintas opciones. Seleccionaremos la herramienta Texto en trazado.

Situaremos el cursor en el trazado y cliclaremos en él.

Introduciremos un texto y, como se podrá observar, este se escribirá sobre la línea que hemos trazado.

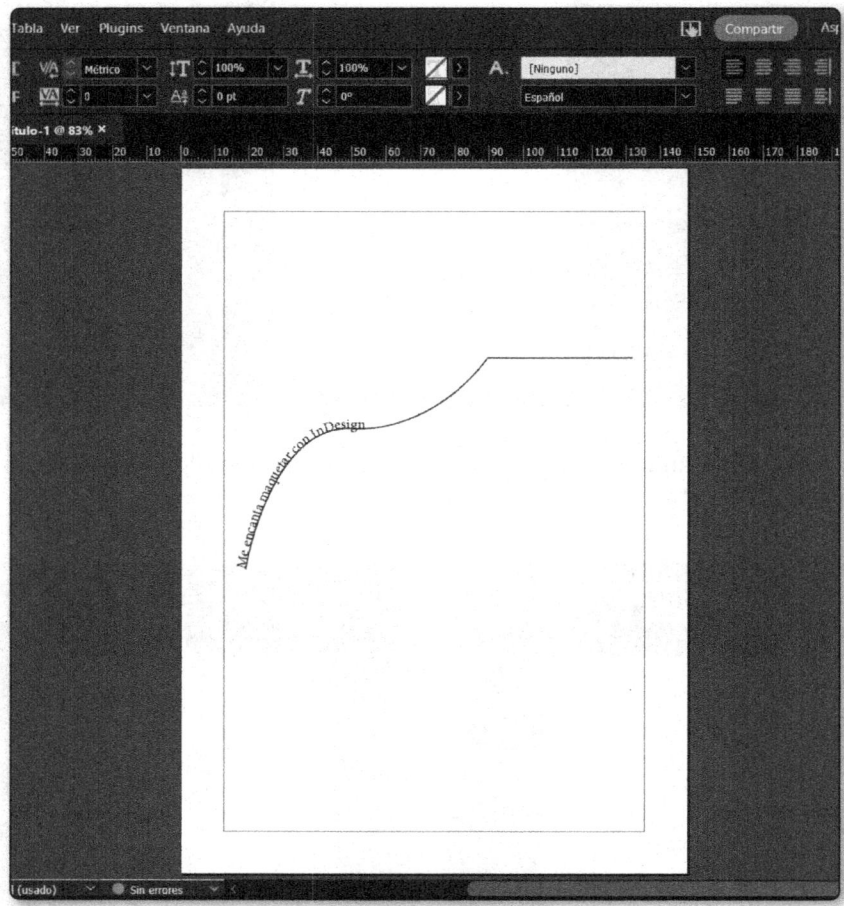

Para que el texto se sitúe por debajo del trazado acercaremos el cursor, con la herramienta de selección directa activada, a la línea azul central que se marca en el trazado. El cursor cambiará entonces y se mostrará como en la imagen a continuación. En ese momento hacemos clic y arrastramos hacia abajo. El texto se situará en la parte inferior del trazado.

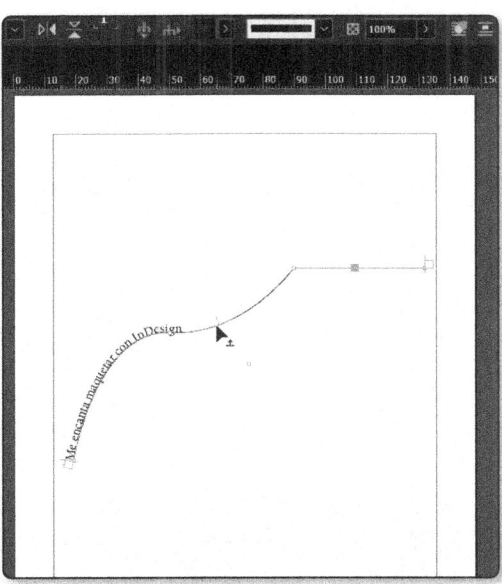

Si queremos que el texto no comience al principio del trazado, acercaremos el cursor con la herramienta de selección directa activada a la primera línea azul, el icono del cursor cambiará y se mostrará como en la imagen siguiente. Clicamos entonces y desplazamos el cursor al punto del trazado donde deseamos que comience el texto.

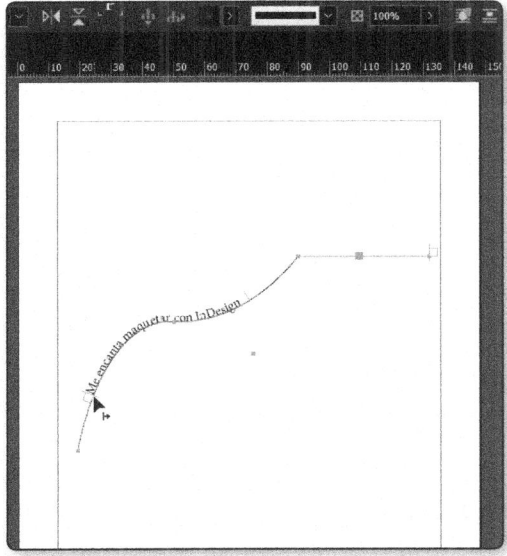

Para ajustar el punto donde deseamos que finalice el texto en el trazado realizaremos la misma operación, pero esta vez situándonos en la línea azul del final del trazado.

1.8.5 Modificar colores desde la barra de herramientas

Vamos a continuar trabajando con el texto en el trazado que hemos creado en el ejercicio anterior.

Seleccionamos el objeto con la herramienta de selección.

Clicamos en la flecha doble que se muestra en la esquina superior derecha del seleccionador de color que se muestra en la barra de herramientas.

Como se puede observar, la figura creada entre los distintos puntos de ancla se ha rellenado con el color negro que antes tenía el trazado, y la línea de trazo no se muestra puesto que hemos invertido los colores y ahora es transparente como lo era antes el relleno.

Ahora tomaremos la herramienta Texto y seleccionaremos el texto a que deseamos cambiar el color.

Como podemos ver en el seleccionador de color se ha marcado el icono con forma de T, indicando que los colores que se muestran en los recuadros corresponden al trazo y el relleno de un texto.

Hacemos doble clic en el recuadro correspondiente al relleno del texto. Se abrirá así el selector de color para elegir el tono deseado.

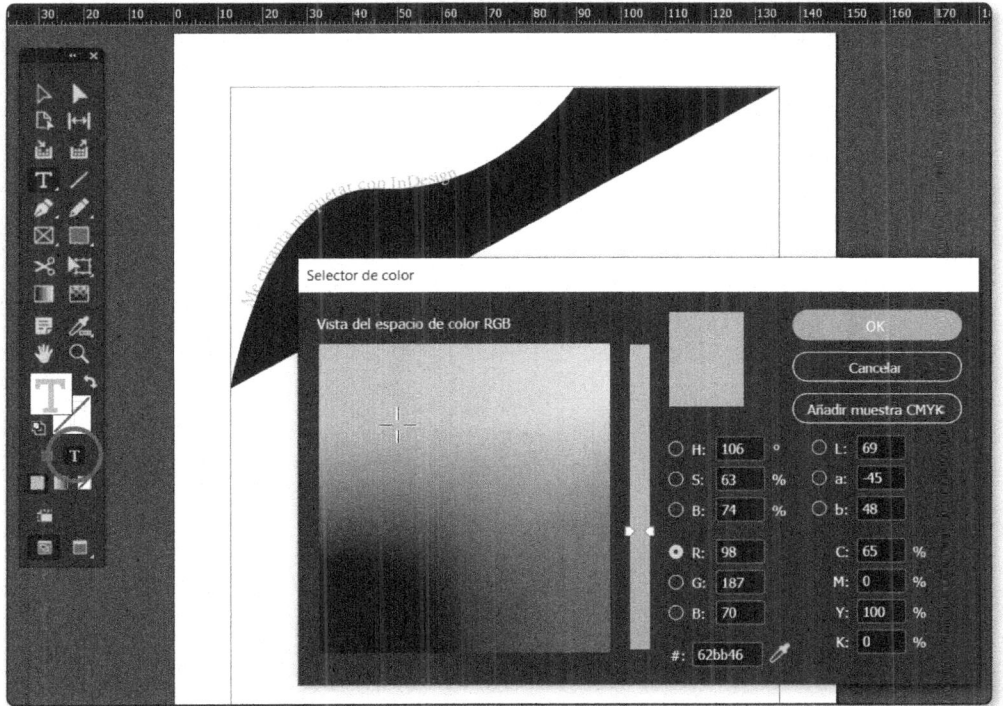

2

TRABAJAR CON ARCHIVOS

2.1 CREACIÓN DE ARCHIVOS

Adobe InDesign permite la creación de tres tipos de archivos: Documentos, Libros y Bibliotecas. Todos ellos se pueden crear bien desde la Pantalla de inicio o bien desde en menú Archivo > Nuevo.

2.1.1 Documentos

Los documentos se componen de una o varias páginas que se organizan en pliegos.

En la ventana emergente de creación de un documento nuevo se pueden ajustar los parámetros para generar el archivo deseado. Se pueden definir el tamaño del documento, la orientación (vertical u horizontal), los márgenes, las columnas, la sangría, si se desea un documento de páginas enfrentadas o de una sola página.

Figura 2.1. Crear documento nuevo

Debe comenzarse por elegir, en la parte superior de la ventana, si el archivo que se desea crear se va a utilizar para imprimir, para publicar en web o para dispositivo móvil.

Para ajustar el tamaño del documento, se deben ingresar las dimensiones deseadas en las secciones de ancho y alto. Se puede también elegir entre tamaños preestablecidos como carta, legal, o A4, en el caso de archivos para imprimir, o personalizar el tamaño según las necesidades específicas del trabajo a realizar. Se pueden modificar aquí también las unidades de medida, que son milímetros o píxeles por defecto, y la orientación del documento.

La opción Marco de texto principal creará en el documento un marco de texto ajustado a los márgenes establecidos.

En la sección de columnas, se puede elegir el número de columnas que se desean y el espacio entre ellas, el medianil.

Se pueden establecer los márgenes y el espacio dedicado a sangría y anotaciones, y se puede previsualizar el documento que se está creando a medida que se cambian los parámetros.

2.1.2 Libros

Un libro es un archivo compuesto por varios documentos que comparten ciertas características, InDesign permite integrar de forma efectiva diferentes maquetaciones en un único supraarchivo.

El primer paso para crear un Libro será seleccionar una ubicación y un nombre para almacenar el archivo de libro que se creará. Para libros no es necesario indicar configuraciones iniciales, como ocurría al crear un documento ya que los valores de configuración están establecidos en los documentos que se van a combinar.

Una vez ingresados el nombre y la ubicación del archivo se mostrará el Panel Libro, que permitirá gestionar los distintos documentos que lo compondrán ("1.16 Libros" en la página 201).

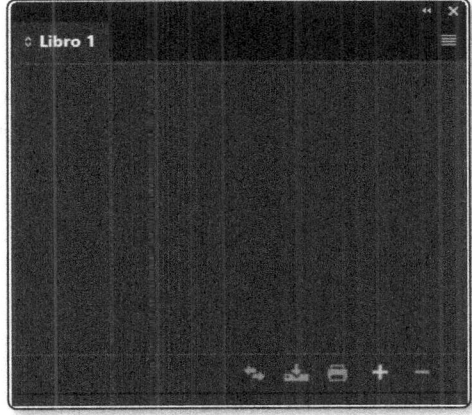

Figura 2.2. Panel Libro

2.1.3 Bibliotecas

Las Bibliotecas son archivos donde se incluyen objetos que se utilizan con frecuencia para poder acceder a ellos de forma rápida simplemente ingresando en el archivo de biblioteca. Por ejemplo, si se utilizan determinadas imágenes con mucha frecuencia, es más sencillo incluirlas por una única vez en una biblioteca y acceder a ella, que insertar la imagen desde cero cada vez que se necesita.

2.2 ABRIR ARCHIVOS

Para abrir un archivo existente se debe seleccionar la opción Abrir del menú Archivo, emergerá una ventana en la que se puede navegar para seleccionar el archivo deseado.

2.2.1 Abrir archivos recientes

Al seleccionar Archivo > Abrir reciente, se desplegará una lista con los últimos archivos abiertos por InDesign, este acceso directo evitará tener que navegar entre las carpetas buscando el archivo previamente guardado que se desea abrir de nuevo.

2.2.2 Bridge

También, es posible utilizar Bridge para abrir un documento, Bridge una pequeña aplicación de gestión de archivos que se instala junto con InDesign.

2.3 GUARDAR ARCHIVOS

Al guardar un documento se guarda el diseño actual, las referencias a los archivos de origen, la página que se muestra actualmente y el zoom. Se debe guardar el trabajo con frecuencia para protegerlo de posibles accidentes.

Guardar un documento también actualiza los metadatos (o información del archivo) que forman parte del documento de InDesign. Los metadatos incluyen una vista previa en miniatura, las fuentes utilizadas en el documento o muestras de color.

2.3.1 Nombres y extensiones

En el momento de guardar un archivo, se debe indicar el nombre con el que se va a identificar. Los archivos en InDesign se guardan con diferentes extensiones: la extensión de los archivos de documentos es .INDD, los libros poseen la extensión .INDB, y las bibliotecas cuentan con la extensión .INDL.

2.3.2 Proceso de guardado

Para guardar un documento se debe de seleccionar el menú Archivo y la opción Guardar de dicho menú. La primera vez que se guarda un archivo aparecerá una ventana emergente en la que se debe indicar la ubicación y el nombre del archivo. Para guardar actualizaciones sucesivas del archivo basta con utilizar el atajo de teclado Ctrl S o hacerlo a través de Archivo > Guardar.

Para guardar el archivo con otro nombre se debe hacer a través de la opción Guardar como, dentro del menú archivo.

2.3.3 Guardar una copia

La opción Guardar una copia, dentro del menú Archivo crea un duplicado del documento con un nombre diferente, dejando visible el original.

2.3.4 Guardar para versiones anteriores

De forma predeterminada, al guardar documentos, estos se almacenar con el formato correspondiente a la versión actual del programa. Esto significa que no será posible visualizar un archivo guardado en una versión reciente, en otra más antigua, a menos que se haga manualmente seleccionando en la ventana de guardado InDesign CS4 o posterior (IDML) como tipo de archivo.

2.3.5 Creación de plantillas

Las plantillas son archivos con ciertas configuraciones que se pueden utilizar como punto de partida para nuevos proyectos. Gracias a las plantillas, no será necesario realizar esas configuraciones cada vez que se cree un proyecto con las mismas características. Una plantilla puede contener configuraciones, texto y gráficos y con normalidad se abre como un documento sin título.

Ejercicio práctico "1.6.4 Guardar como plantilla" en la página 91.

2.3.6 Metadatos

Los metadatos son un conjunto de información estandarizada sobre un archivo, como el nombre del autor, la resolución, el espacio de color, los derechos de autor y palabras clave que se le aplican. Se pueden utilizar metadatos para optimizar el flujo de trabajo y organizar los archivos.

El cuadro de diálogo Información de archivo que se despliega a través del menú Archivo permite personalizar datos de la cámara, propiedades del archivo, derechos de autor e información del autor del archivo. Este cuadro de diálogo también muestra paneles de metadatos personalizados. Cualquier información que se ingrese en un campo anula los metadatos existentes y aplica el nuevo valor.

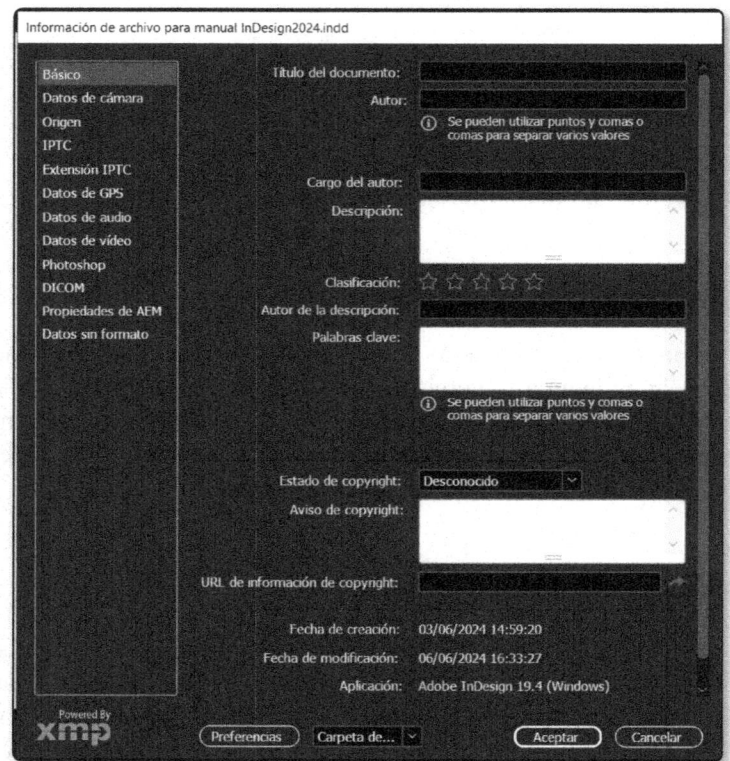

Figura 2.3. Ventana para configurar los metadatos

2.4 EXPORTACIÓN DE ARCHIVOS

Una vez acabada la composición del material gráfico y de texto, se ofrecen diferentes opciones de salida. La acción de exportar permitirá obtener un archivo digital con el que se podrán realizar posteriores interacciones con otros programas u obtener productos finales para imprimir o presentar en dispositivos digitales.

2.4.1 Exportación en PDF

PDF es un formato de archivo utilizado universalmente, en el que se conservan aspectos esenciales de los archivos originales, tales como fuentes o imágenes, respetando la ubicación y el tamaño de todos los objetos. Los archivos en formato PDF se pueden utilizar tanto para hacer impresiones, como para visualizar en pantalla o generar documentos interactivos en los que el usuario puede hacer interactuar para acceder a otras páginas, ver un vídeo o reproducir un sonido.

Al seleccionar Archivo > Exportar, se abrirá un cuadro de diálogo similar al anteriormente descrito para Guardar. En este cuadro de diálogo se establecerá el nombre y la ubicación del archivo y, en el campo Tipo se seleccionará Adobe PDF.

▼ Adobe PDF (Imprimir): en la ventana de exportación que aparece se pueden configurar distintos aspectos.

Se puede cambiar la versión de PDF cambiando a un ajuste preestablecido diferente o eligiendo una opción compatible. En términos generales, a menos que exista una necesidad específica de compatibilidad con versiones anteriores, debe utilizar la versión más reciente, que incluirá todas las características y funcionalidades más nuevas. Sin embargo, si se está creando documentos que se distribuirá, se debería considerar elegir Acrobat 5.0 o Acrobat 6.0 para asegurar que todos los usuarios puedan ver e imprimir el documento.

Se pueden exportar todas las páginas del documento o libro actual. También, se puede exportar un rango específico de páginas del documento (esta opción no está disponible para la exportación de libros). Usando un guión entre varios números de página se exporta el intervalo indicado, usando comas para señalar las páginas se exportan las páginas concretas que se indican.

Al seleccionar Pliegos se exportan páginas juntas como si estuvieran impresas en la misma hoja.

Seleccionando páginas, se exportan las páginas de forma correlativa.

Optimizar para vista rápida en web reduce el tamaño del archivo PDF y lo optimiza para una visualización más rápida en un navegador web, comprime texto y dibujos lineales, independientemente de la configuración que se haya seleccionado en la categoría Compresión del cuadro de diálogo Exportar.

En el campo Incluir se puede seleccionar: Marcadores: crea marcadores para las entradas de la tabla de contenido, preservando los niveles. Los marcadores se crean a partir de la información especificada en el panel Marcadores. Hipervínculos: crea anotaciones de hipervínculos PDF para hipervínculos, entradas de tabla de contenido y entradas de índice de InDesign. Objetos no imprimibles: exporta objetos a los que se ha aplicado la opción No imprimible en el panel Atributos. Guías visibles y cuadrículas base: exporta márgenes, guías de reglas, guías de columnas y cuadrículas de referencia visibles en el documento. Las cuadrículas y guías se exportan en el mismo color utilizado en el documento.

Al exportar documentos a Adobe PDF, se puede comprimir texto y dibujos lineales, y reducir la resolución de mapas de bits. Dependiendo de la configuración que se elija, la compresión y la reducción de resolución pueden disminuir significativamente el tamaño de un archivo PDF con poca o ninguna pérdida de detalle y precisión.

Marcas y sangrados: el sangrado es la cantidad de material gráfico que queda fuera del cuadro delimitador de impresión o fuera de las marcas de recorte. Se debe incluir sangrado como margen de error para garantizar que la tinta se extienda hasta el borde de la página después de recortarla a la hora de imprimir el documento. Se puede especificar la extensión del sangrado y agregar una variedad de marcas de impresora al archivo en este apartado.

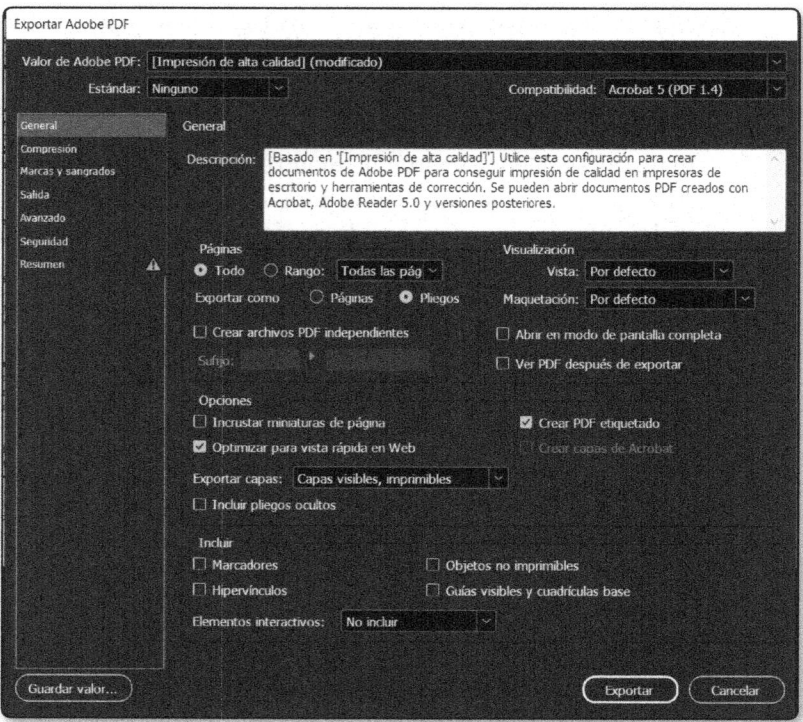

Figura 2.4. Exportar en Adobe PDF para imprimir

▼ Adobe PDF (Interactivo): estos archivos permiten visualizar y aplicar todas las interactividades. Se puede elegir si se exportarán todas las páginas del documento o un rango determinado y si estas se exportan de una en una de forma correlativa o agrupadas en pliegos, entre otras opciones.

Transiciones de página: si se encuentra activa la opción Desde documento, se respetarán las transiciones existentes en él. Si se elige una transición en esta lista se aplicará a todos los pliegos.

Formularios y medios: en este caso, para que todos los elementos interactivos existentes en el documento se puedan utilizar, se debe dejar activada la opción Incluir todo.

En la pestaña Compresión: JPEG con pérdida permite disminuir el tamaño del archivo sin perder cantidades importantes de información de las imágenes.

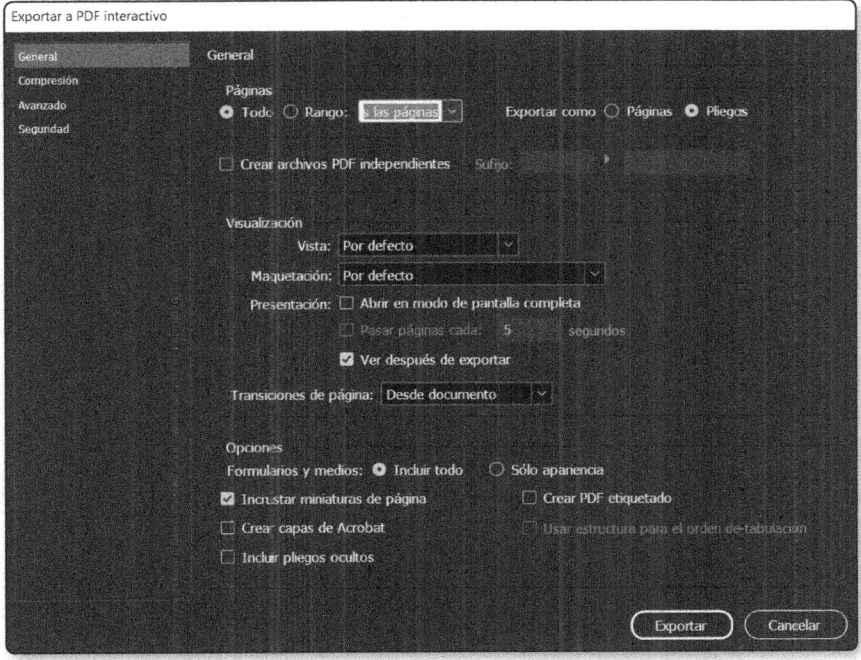

Figura 2.5. Exportar en Adobe PDF interactivo

2.4.2 Exportación HTML

Esta es una forma sencilla de convertir el contenido de InDesign en un formato listo para la web.

Se puede controlar cómo se exportan el texto y las imágenes. InDesign conserva los nombres de los estilos de párrafo, carácter, objeto, tabla y celda aplicados al contenido, marcando el contenido HTML con clases de estilo CSS del mismo nombre. Con cualquier editor HTML compatible con CSS, se puede aplicar rápidamente formato y diseño a los contenidos.

InDesign no exporta hipervínculos (excepto vínculos a páginas web y vínculos aplicados a texto que saltan a anclajes de texto en el mismo documento, referencias cruzadas), etiquetas XML, libros, marcadores, glifos SING, transiciones de página, marcadores de índice, objetos en el portapapeles que no están seleccionados y no tocan la página, ni elementos de la página maestra (a menos que se anulen o seleccionen antes de la exportación).

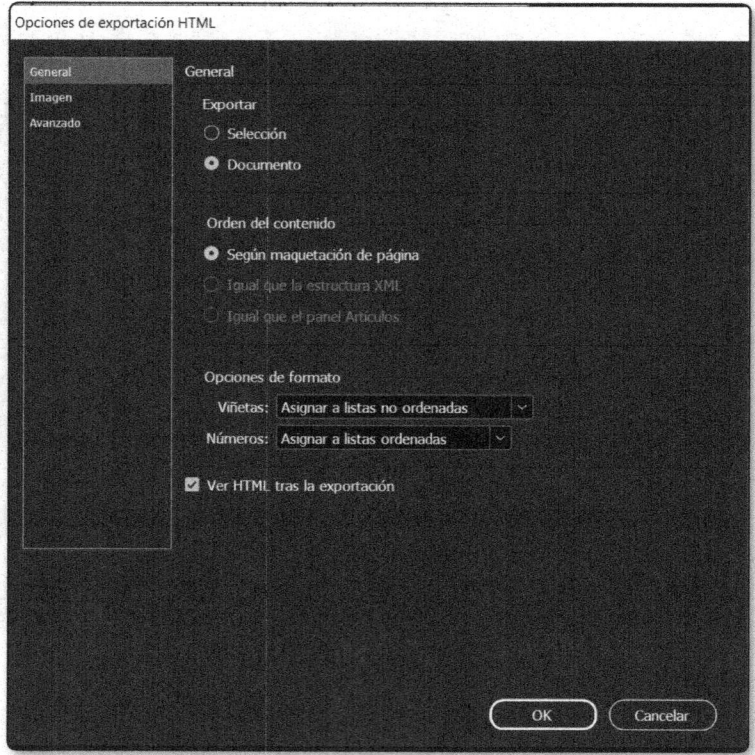

Figura 2.6. Opciones de exportación HTML

2.4.3 Exportar JPG

Para exportar a JPG una imagen, un rango de páginas o todo el documento se debe seleccionar JPG como tipo de archivo en la ventana Exportar.

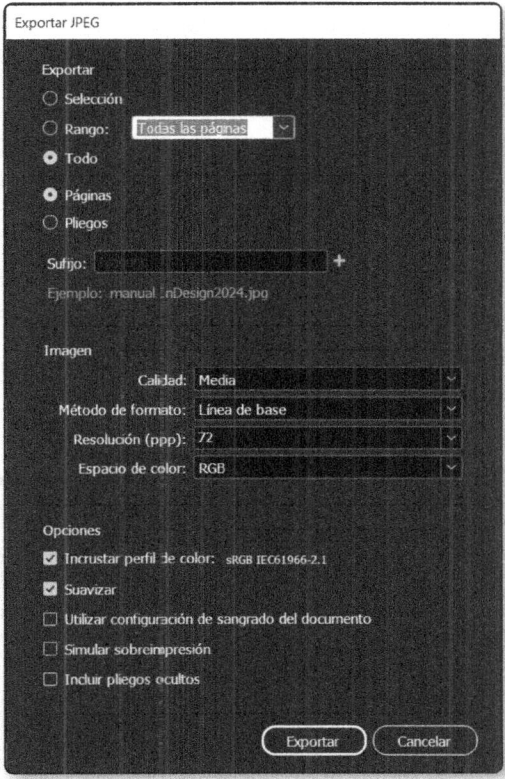

Figura 2.7. Exportar JPG

2.5 EMPAQUETADO

El proceso de empaquetado permite reunir en una carpeta todos los archivos necesarios para la impresión, visualización o edición del documento o libro.

Este recurso genera una carpeta de proyecto que agrupa tanto la maquetación (el archivo .indd o .indb maquetado) como los archivos digitales relacionados y utilizados para su visualización, edición y salida final correcta. De este modo, esta carpeta permitirá, que el proyecto sea editable posteriormente, mediante Adobe InDesign, en otra estación de trabajo diferente ya que la carpeta incluirá los correspondientes archivos de imágenes y de tipografías utilizados.

Mediante Archivo > Empaquetar, en el caso de un documento, o desde el menú del panel Libro, Empaquetar libro para imprimir, se abre una ventana que informa de los diferentes elementos que integran y caracterizan el proyecto.

En el apartado Resumen se indican los elementos críticos principales de la maquetación, como las fuentes utilizadas, el estado de los vínculos o la separación de colores. En caso de incidencia presenta el icono de advertencia correspondiente para identificarla y poder solventarla.

La sección Fuentes informa de las tipografías de utilización real en la maquetación, indicando su tecnología (TrueType, PS1, OpenType) y señalando cualquier incidencia al respecto.

En Vínculos e imágenes se relacionan todos los vínculos utilizados, indicando su formato digital, perfil ICC, la página donde están maquetados y su estado.

Colores y tintas informa de la selección de color elegida.

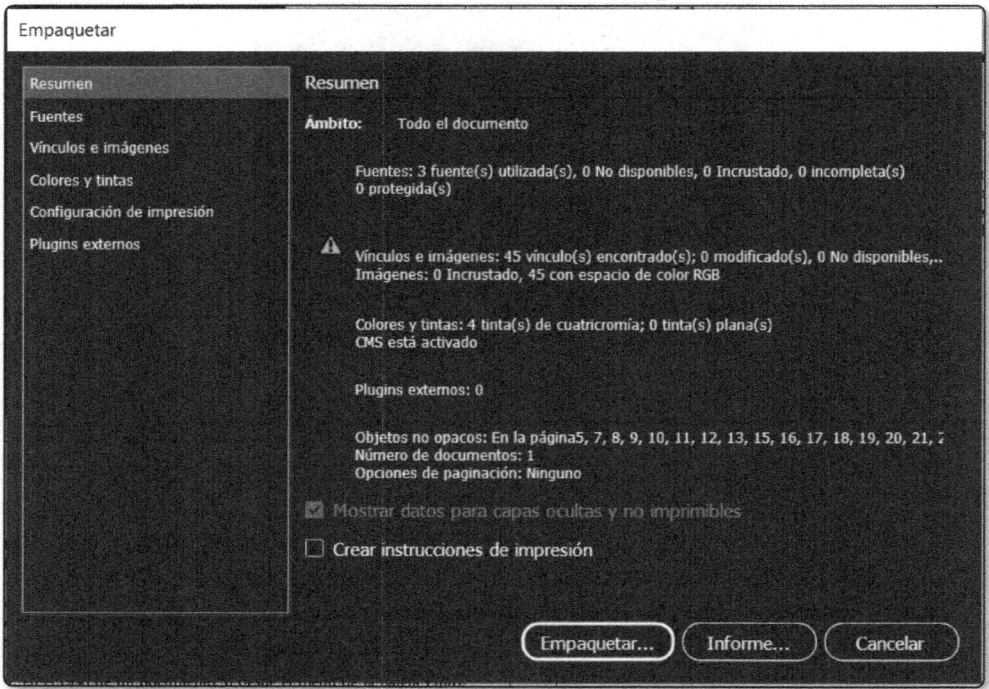

Figura 2.8. Empaquetar

2.6 IMPRIMIR DOCUMENTOS Y LIBROS

Antes de llevar al papel un documento se deben realizar ajustes que permitan obtener resultados óptimos a través del menú Archivo > Imprimir.

En primer lugar se selecciona el número de copias y el intervalo a reproducir.

Debe ajustarse, también, el tamaño del papel en el que se imprimirá el documento y la orientación en la que se reproducirá el archivo.

La opción Desplazamiento permite indicar de forma manual una distancia entre el contenido y el borde izquierdo del papel en el que se imprimirá.

Se deben realizar los pertinentes ajustes de escala y señalar si se desea o no que se impriman las marcas de recorte, sangrado o las barras de color.

Para imprimir algunos o todos los documentos de los que se compone un libro se deben seleccionar en el panel Libros, a continuación, desplegar su menú lateral y, para finalizar, elegir la opción Imprimir documentos seleccionados. Si se desea imprimir todo el libro, se debe verificar que no existe ningún documento seleccionado de forma previa en el panel, luego desplegar el menú lateral y, por último, elegir la opción Imprimir libro.

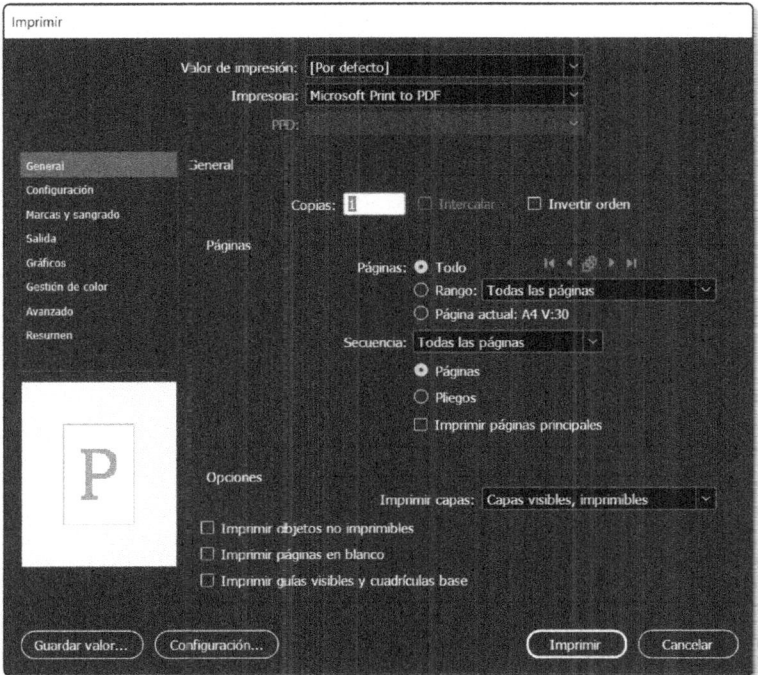

Figura 2.9. Imprimir documento

3

TRABAJAR CON PÁGINAS

3.1 PÁGINAS DE DOCUMENTOS

Los documentos de InDesign se organizan en páginas, estas pueden o no componer pliegos, agrupándose en un número variable de páginas por pliego. Cada pliego incluye su propio tablero de trabajo, que es un área fuera de la página donde pueden almacenar objetos que aún no están colocados en el documento. El tablero de cada pliego proporciona espacio para acomodar objetos que sangran o se extienden más allá del borde de una página.

Al crear un documento nuevo se puede indicar desde qué número de página se iniciará la numeración del documento. Esta opción puede resultar útil cuando varios maquetadores trabajan en distintas secciones de un mismo documento, por ejemplo aquellas que componen una revista, cada maquetador armará las páginas que le correspondan e indicará en qué página comienza su sección. Este valor se puede modificar desde el menú Archivo > Ajustar documentos > Número de página inicial.

Se puede elegir la cantidad de páginas que tendrá un documento en el momento de su creación, sin embargo, este valor no siempre será exacto, ya que tal vez será necesario agregar o quitar páginas para que el resultado final se adapte a los requerimientos. En la panel Propiedades, sin ningún elemento seleccionado, se puede variar el número de páginas del documento.

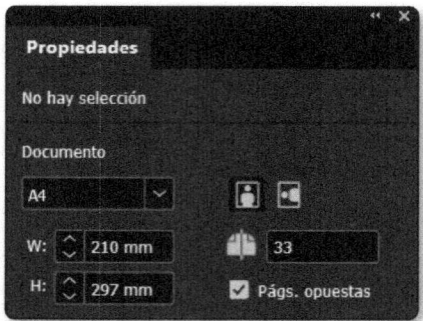

Figura 3.1. Panel Propiedades, modificar número de páginas

También, a través del menú Maquetación > Páginas > Añadir página, que agregará una página al documento, o bien Maquetación > Páginas > Insertar Páginas, que agregará el número de páginas que se determine en el lugar donde se seleccione.

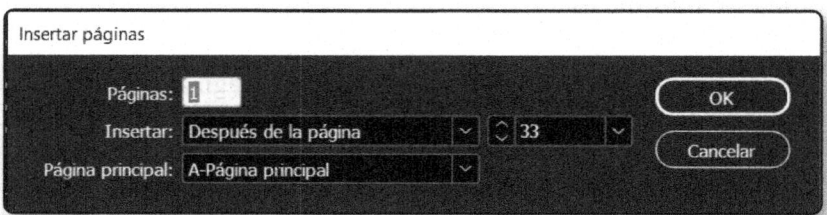

Figura 3.2. Insertar páginas

A través de este mismo menú, seleccionando la opción Eliminar páginas, se pueden sustraer las páginas que se determinen del documento.

Figura 3.3. Eliminar páginas

Las páginas de un documento se pueden mover de un lugar a otro de este o bien trasladarlas a otro documento abierto, esto se logra a través del menú Maquetación > Páginas > Mover páginas, esta acción abre un cuadro de diálogo en el que se pueden seleccionar los parámetros deseados para mover la página al lugar requerido.

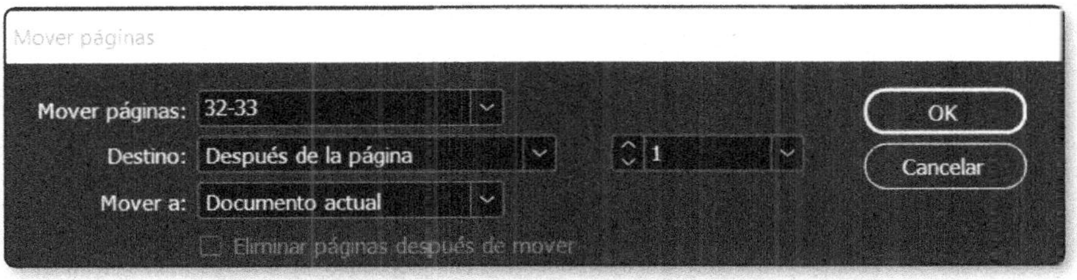

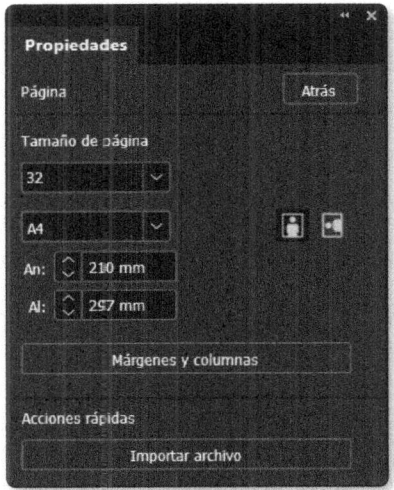

Figura 3.4. Mover páginas

InDesign permite, además, duplicar un pliego, ya esté formado este po: una o por varias páginas. Maquetación > Páginas > Duplicar pliego replicará el pliego seleccionado a continuación dentro del documento, para duplicarlo al terminar el documento se usará el menú Maquetación > Páginas > Duplicar pliego al final del documento.

En InDesign es posible configurar tamaños diferentes para cada una de las páginas. Para modificar el tamaño de todas o de una sola en concreto dentro del documento, se puede hacer a través del panel Propiedades, teniendo la página en cuestión seleccionada.

Figura 3.5. Panel Propiedades, cambiar tamaño de página

Se puede, además personalizar el tamaño de la página según los requerimientos del trabajo, y guardar estas medidas para utilizarlas de forma recurrente. Para ello se debe elegir la opción A Medida al seleccionar el tamaño de página, esto abrirá una ventana emergente en la que se definirán las medidas y se asignará un nombre al nuevo tamaño.

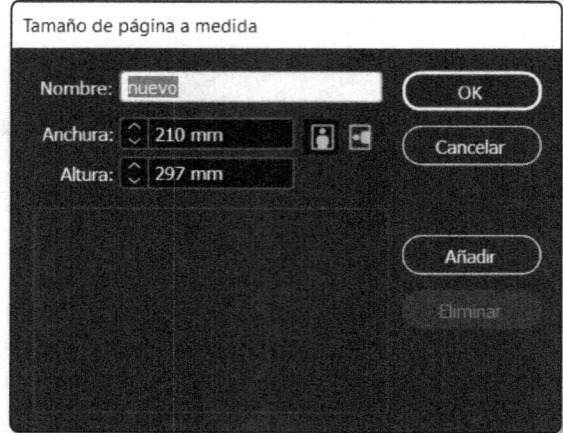

Figura 3.6. Tamaño de página a medida

Desde el menú Maquetación > Páginas se pueden asignar transiciones de página, bien a todos los pliegos o bien solo al seleccionado, para visualizarlas en el modo Presentación.

Por último, el menú Maquetación > Páginas ofrece como **novedad en esta versión de Adobe InDesign 2024** la función Ocultar pliego, que oculta o muestra los pliegos seleccionados para excluirlos de las opciones de exportación y el modo de presentación.

3.2 PÁGINAS PRINCIPALES

El uso de las páginas principales, antes llamadas páginas maestras, en Adobe InDesign es una herramienta fundamental para organizar y estructurar de manera efectiva los proyectos de diseño, son una especie de plantillas que se puede aplicar a una página o a un conjunto de ellas, para que estas adopten su apariencia.

Las páginas principales permiten crear un diseño coherente y consistente a lo largo de todo tu documento, ya sea un folleto, revista, libro o cualquier otro tipo de publicación.

Una de las ventajas de utilizar las páginas principales es la posibilidad de establecer elementos comunes en todas las páginas, como encabezados, pies de página, números de página, logotipos o cualquier otro elemento que se desee repetir en todas las páginas. De esta manera, se asegura que el diseño sea uniforme y profesional en todo momento.

Además, las páginas principales permiten ahorrar tiempo y esfuerzo, ya que al modificar un elemento en la página principal, este se actualizará automáticamente en todas las páginas vinculadas a ella. Esto es especialmente útil cuando se trabaja en proyectos largos o con muchas páginas, ya que evita tener que realizar cambios individuales en cada una de ellas.

Otra ventaja de utilizar las páginas principales en es la posibilidad de crear variaciones en el diseño, como páginas con un diseño de fondo diferente, orientación distinta o cualquier otra modificación que se desee realizar. Esto da la flexibilidad de experimentar con diferentes estilos y diseños sin tener que rehacer todo tu proyecto desde cero.

Al crear un nuevo documento en Adobe InDesign, se pueden definir páginas principales que contengan elementos como logotipos, números de página, encabezados, pies de página, columnas y guías de diseño. Estos elementos se pueden editar y actualizar en la página principal y se aplicarán automáticamente a todas las páginas del documento. El uso de páginas principales es especialmente útil en proyectos con muchas páginas, permiten trabajar de manera más eficiente al eliminar la necesidad de duplicar elementos en cada página individualmente. Si se necesita hacer cambios en el diseño, basta con editar la página principal y todos los elementos se actualizarán de forma automática en todo el documento.

Ejercicio práctico "1.6.1 Maquetar página principal" en la página 86.

Es fundamental tener un buen plan de diseño antes de comenzar, esto incluye definir la estructura de la página, los elementos que se incluirán y la disposición general del diseño. Una vez que se tiene claro el plan de diseño, se puede comenzar a crear las páginas principales. Para ello, se pueden utilizar las herramientas de diseño de página, como las guías de la cuadrícula y las reglas, para asegurarse de que los elementos se alineen correctamente y el diseño sea coherente.

Para trabajar con páginas principales se ha de utilizar la panel Páginas. Si no se encuentra visible se puede mostrar seleccionándola en el menú Ver.

Por defecto, al crear un documento nuevo, existirán ya dos páginas principales, una en blanco denominada [Ninguna] que no permite edición ni modificación alguna, y otra llamada A-Página principal. Si se ha elegido la configuración Páginas opuestas, esta página principal se presentará como un pliego con dos páginas enfrentadas. Esta última sí es editable.

Para crear una página principal nueva se recurrirá al menú del panel Páginas que se localiza en la esquina superior derecha de la pestaña desplegada. Seleccionando Página principal nueva se abrirá un cuadro de diálogo en el que se pueden definir las características de la nueva página. Se le otorgará un nombre si se desea, por defecto todas las nuevas creaciones se llaman Página principal y se les asigna una letra correlativa como Prefijo. Se puede basar la nueva página principal en una ya existente, en cuyo caso, las modificaciones aplicadas en la página principal original se replicarán en la página principal que se ha basado en ella, o en una en blanco, esto último seleccionando [Ninguna] en la lista desplegable.

Se asignará un número de páginas a la nueva creación, lo más frecuente es una o dos, tres en el caso de un tríptico, pero puede crearse un pliego compuesto por hasta diez páginas. El número de páginas de un pliego de un documento se puede modificar a la hora de trabajar con él. Si se tiene activada la casilla Permitir reorganización de pliego seleccionado, en el menú del panel, se podrá arrastrar la página maestra a un pliego del documento ampliando el número de páginas de este en el mismo pliego.

Se puede personalizar también el tamaño de la nueva página principal, que por defecto será el mismo que el resto del documento, y su orientación.

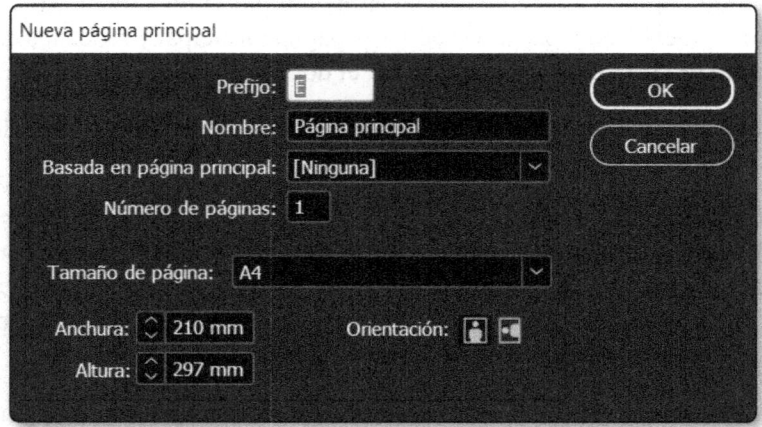

Figura 3.7. Crear página principal

Para eliminar una página principal se debe acceder al menú del panel Páginas y seleccionar Eliminar página principal. Si esta se encuentra aplicada en algún lugar del documento emergerá una ventana advirtiendo de ello. Al borrar la página principal no se elimina el contenido del documento, solo la estructura subyacente que definía la página principal descartada. Por defecto se aplicará a esas páginas la página maestra [Ninguna] o, si la eliminada formaba parte de un pliego compuesto por varias páginas, se aplicará la página compañera. Por ejemplo, si se cuenta con una página principal compuesta por dos páginas enfrentadas y se elimina la página par, se aplicará por defecto en el documento la página impar como principal.

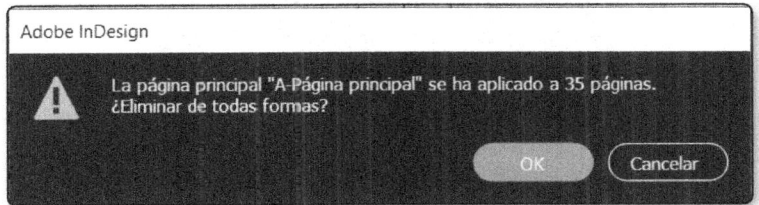

Figura 3.8. Advertencia de eliminación de página principal

En ocasiones, puede ser muy útil aplicar páginas principales de otros documentos. Para esto se deben cargar en el documento actual, teniendo en cuenta que las páginas principales cargadas son dependientes de su archivo original y cualquier cambio realizado en él se verá reflejado en las páginas de maquetado que fueron destinatarias de la aplicación de principales importadas. Para importar páginas maestras se hará desde el menú del panel Páginas, seleccionando Páginas principales > Cargar páginas principales. Se abrirá una ventana en la que navegar por los archivos guardados en el equipo para seleccionar aquel que contiene las páginas principales que se desean importar.

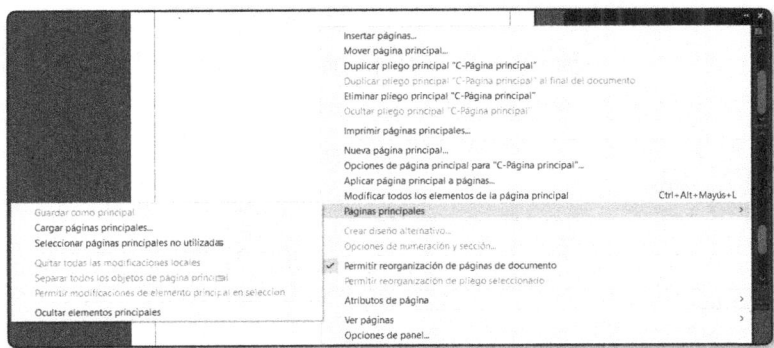

Figura 3.9. Cargar páginas principales

Adobe InDesign también permite duplicar páginas principales, para ello, con la página a copiar seleccionada, se debe acceder al menú del panel Páginas y seleccionar Duplicar pliego. También, se puede lograr el mismo resultado arrastrando el pliego que se quiere replicar hacia el icono + situado en la parte inferior del panel Páginas.

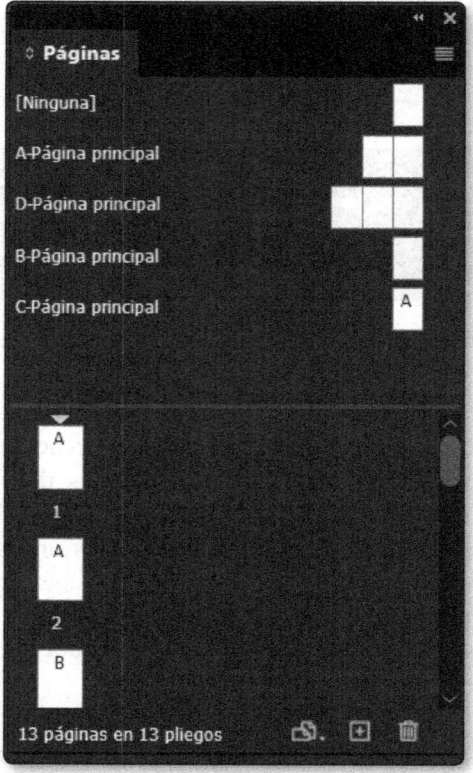

Figura 3.10. Diferentes páginas principales

3.3 PANEL PÁGINAS

A través del panel Páginas se puede visualizar y gestionar el contenido de todas las páginas que componen el documento.

En el área central del panel se muestra un icono por cada página existente en el documento, y se indica el número que le corresponde. A su vez, al final de la paleta figura el número total de páginas y en cuántos pliegos están distribuidas junto a tres botones que permiten realizar tareas básicas como editar los tamaños de página, crear nuevas páginas y eliminarlas. Cada icono de página muestra la letra del prefijo de la página principal aplicada.

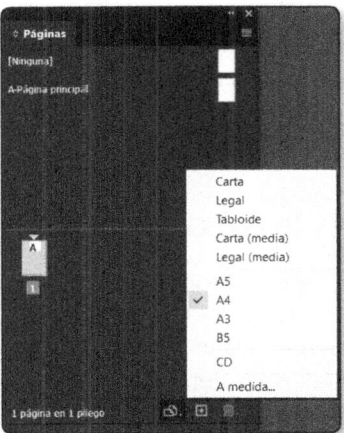

Figura 3.11. Panel Páginas

La apariencia del panel se puede personalizar haciendo clic sobre este con el botón secundario del ratón. Esto abrirá un menú contectual donde debe seleccionarse Opciones de panel... emergerá un cuadro de diálogo en el que se pueden individualizar diferentes parámetros.

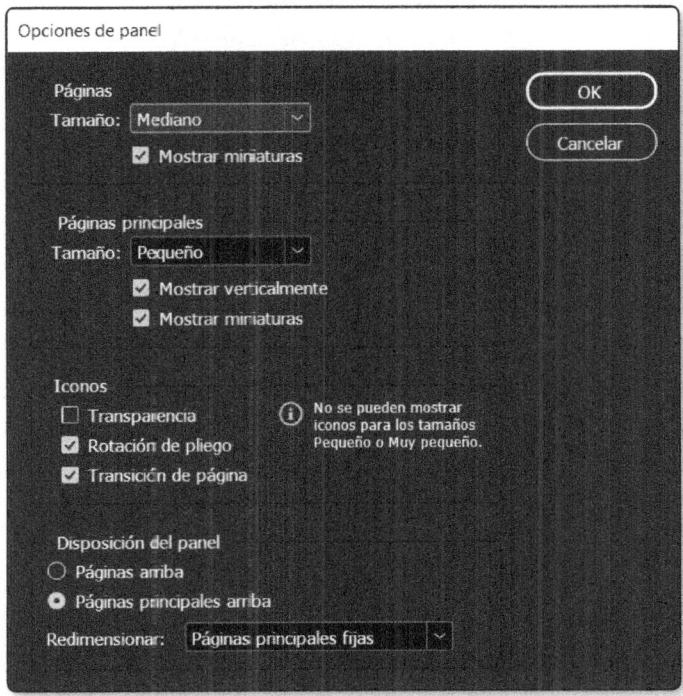

Figura 3.12. Opciones de Panel

El panel Capas permite mover páginas de un lugar a otro, función también descrita en la página 69, bien sea arrastrando las páginas de un lugar a otro de la lista en el panel o bien a través del menú del panel Páginas > Mover páginas.

También, se encuentra disponible a través del menú de este panel la opción Ocultar pliego, cuando se ejecute sobre un pliego concreto se podrá observar que aparece un icono de un ojo tachado encima de él en la lista de páginas del panel, indicando que ese pliego se encuentra oculto.

Este panel permite, también, asignar colores a los iconos de páginas, para facilitar su identificación. Esta opción es muy útil cuando, por ejemplo, a la hora de identificar si las páginas están terminadas, si falta recibir contenido de otro colaborador o si les faltan solo detalles para completarlas. Esta función está disponible en el menú de la paleta, Atributos de página > Etiqueta de color.

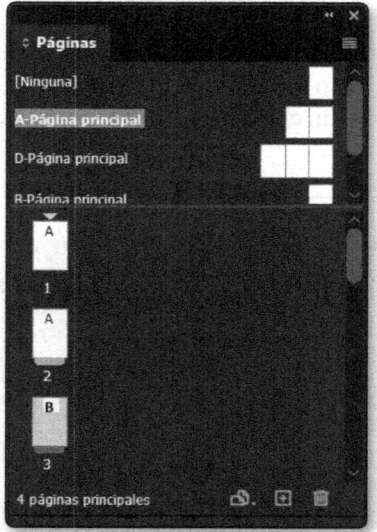

Figura 3.13. Atributos de color

Ejercicio práctico "1.6.6 Creación de un tríptico" en la página 94.

3.4 RETICULACIÓN

La retícula es un sistema de líneas verticales y horizontales que se emplean para diagramar el espacio compositivo, es decir para dividir el espacio de trabajo en secciones donde colocar los distintos elementos que compondrán la página. Supone la diagramación del espacio disponible de página en módulos que permitirán posteriormente distribuir y dimensionar tanto grafismos (imágenes y textos) como contragrafismos (espacios en blanco). Se suelen crear en las páginas principales y para ello se pueden utilizar diferentes recursos.

3.4.1 Cuadrícula y guías inteligentes

Las cuadrículas son un conjunto de líneas horizontales y verticales que permiten alinear objetos. Existen dos tipos de cuadrículas no imprimibles disponibles, una cuadrícula de base para alinear columnas de texto y una cuadrícula de documento para alinear objetos. Se pueden personalizar ambos tipos de cuadrículas, así como mostrarlas u ocultarlas, esto último se puede lograr a través del panel Preferencias, sin tener ningún elemento seleccionado, en el apartado Reglas y cuadrículas existen dos iconos para mostrar u ocultar sendos tipos de cuadrícula, o en el menú Ver > Cuadrículas y guías.

Figura 3.14. Apartado Reglas y cuadrículas del panel Propiedades

- Cuadrícula base: cubre pliegos completos y es ideal para alinear filas de texto. En la pantalla, una cuadrícula base se parece a las líneas de un cuaderno de pauta.

Figura 3.15. Cuadrícula base

En Edición > Preferencias se pueden personalizar varias opciones de la cuadrícula como el color de esta o el punto de inicio y si este punto es respecto al documento o al margen de la página. Incremento cada, hace referencia al espacio entre las líneas de la cuadrícula que, con normalidad será el mismo que el cuerpo del texto que insertemos en el documento, así las líneas de texto alinearán a la perfección con la cuadrícula. En Umbral de visualización, se indica un valor para especificar el zoom por debajo del cual no aparece la cuadrícula. Este campo es importante puesto que, a veces parece que no se muestra la cuadrícula pese a repasar una y otra vez que está todo correcto en el menú Ver > Cuadrículas y guías, y realmente sí se está mostrando, pero en un umbral de ampliación del documento excesivo para el zoom con el que se está trabajando.

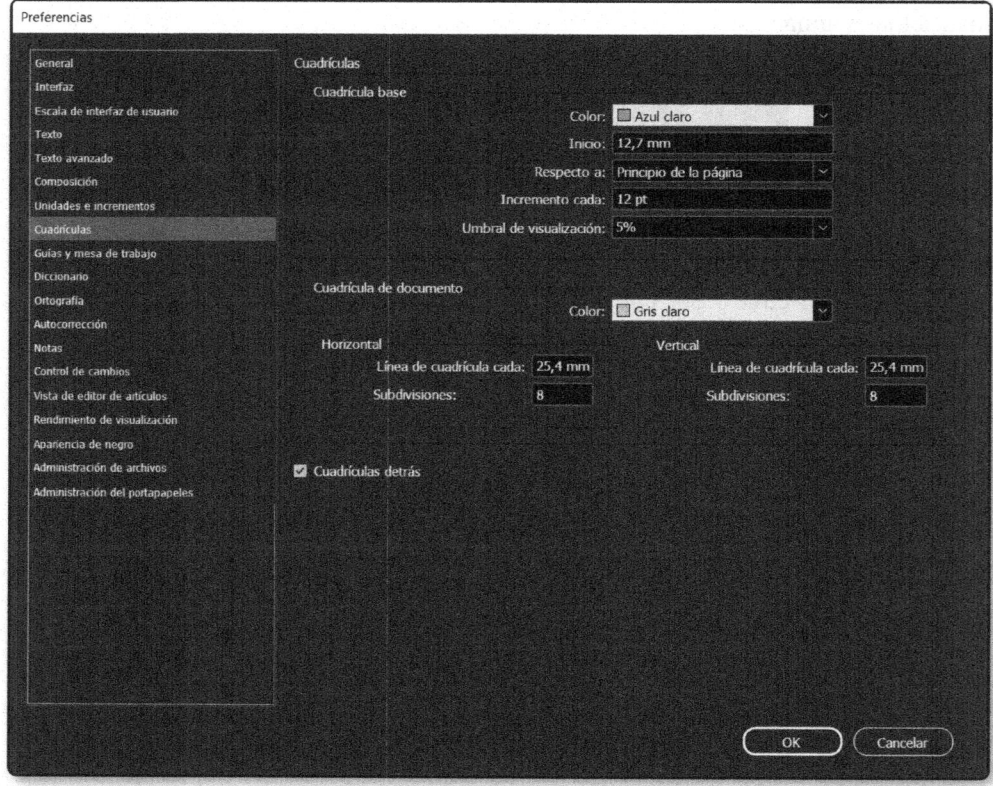

Figura 3.16. Preferencias de cuadrícula

➤ Cuadrícula de documento: cubre todo el tablero y se usa principalmente para alinear objetos. En la pantalla se muestra como la cuadrícula de un cuaderno y puede aparecer delante o detrás de todas las guías, capas y objetos, pero no se puede asignar a ninguna capa.

En Edición > Preferencias se pueden personalizar varias opciones de la cuadrícula como el color o el espaciado, tanto horizontal como vertical, y las subdivisiones entre cada línea de la cuadrícula.

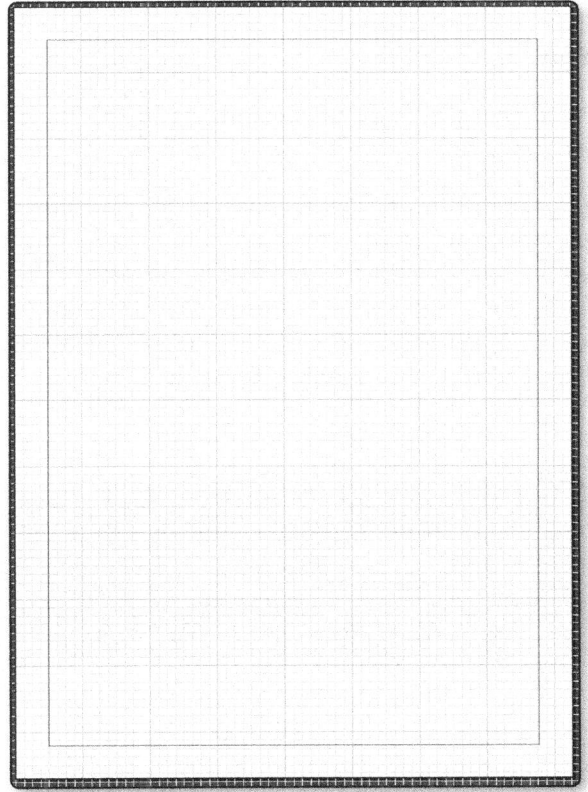

Figura 3.17. Cuadrícula de documento

El último campo de la pestaña de personalización de cuadrículas controla la posición en que estas se muestran, si delante o detrás de los elementos que se coloquen en el documento.

Existe un tipo de guías del que no se ha hablado en la página 40 que son las denominadas **guías inteligentes**, estas permiten alinear fácilmente un objeto que se está moviendo con respecto a otros objetos, bordes o centro de la página. Las guías inteligentes son temporales, se muestran solo cuando se mueven o se crean objetos que, debido a su posición, se pueden alinear con otros. De modo predeterminado se encuentran activadas, para desactivarlas se debe recurrir al menú Ver > Cuadrículas y guías > Guías inteligentes. En Preferencias > Guías y mesas de trabajo se puede cambiar el color de las guías inteligentes, que por defecto es verde.

3.4.2 Márgenes

Los márgenes son la distancia entre los cuatro bordes de la página y el área disponible para trabajar.

Para ajustarlos se puede recurrir al menú Maquetación > Márgenes y columnas, que abrirá un cuadro de diálogo en el que se pueden personalizar los valores de estos. También, existe esta posibilidad desde la pestaña Propiedades, sin tener ningún elemento seleccionado. Por defecto los márgenes horizontales son de color magenta y los verticales de color violeta. Se puede cambiar el tono de estos desde Edición > Preferencias > Guías y mesa de trabajo.

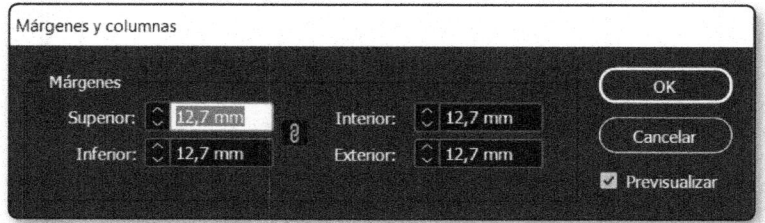

Figura 3.18. Márgenes y columnas, márgenes

3.4.3 Columnas

A la hora de crear un nuevo documento, si no se especifica lo contrario, InDesign dispondrá una sola columna, y creará por defecto las páginas principales con esta configuración. Si en la ventana de creación de un nuevo documento se especifica otro número de columnas, esta será la propiedad por defecto con la que se crearán las nuevas páginas principales. Si se desea modificar el número de columnas de una página principal se puede hacer a través del panel Propiedades, con la página en cuestión seleccionada, eligiendo Editar página en el apartado Página, el panel mostrará una serie de opciones entre las que se debe seleccionar el botón Márgenes y columnas, emergerá una ventana en la que se pueden ajustar a voluntad tanto el número de columnas como el medianil, es decir, el espacio que las separa. También, se puede acceder a esta ventana a través del menú Maquetación > Márgenes y columnas.

Ejercicio práctico "1.6.3 Reticular un documento" en la página 89

3.5 SANGRADO

El sangrado es un espacio adicional alrededor del borde exterior del documento que será cortado tras la impresión, es conveniente extender el fondo del documento sobre este espacio ya que es la forma de asegurar que no se produzca un borde blanco tras el corte del documento en imprenta independientemente de la calibración de la máquina de corte. Este espacio suele ser de unos tres milímetros de tamaño en cada uno de los lados del documento.

En InDesign el espacio de sangrado se puede ajustar al crear un documento nuevo. Si se desean modificar sus dimensiones una vez creado el documento se puede hacer a través del panel Propiedades, seleccionando el botón Ajustar diseño para abrir el cuadro de diálogo correspondiente, y en el menú Archivo > Ajustar documento, en el apartado Sangrado y anotaciones.

3.6 CAPÍTULOS, SECCIONES Y NUMERACIÓN

Cuando se quieren añadir capítulos a un documento suele recurrirse a la utilidad Variable de número de capítulo, de este modo los números de los capítulos se actualizarán de manera automática. Los números de capítulo no se pueden incluir a modo de prefijo en los índices (página 144) ni las tablas de contenido generados (página 142), para ello se deben sustituir por prefijos de sección (se explica a continuación).

Para añadir un número de capítulo se debe, en primer lugar, crear un marco de texto, bien en el documento, bien en una página principal si va a aparecer en varias páginas, y añadir el texto que precederá o seguirá al número de capítulo. A través del menú Texto > Variables de texto > Insertar variable > Número de capítulo, se añade el número de capítulo correspondiente.

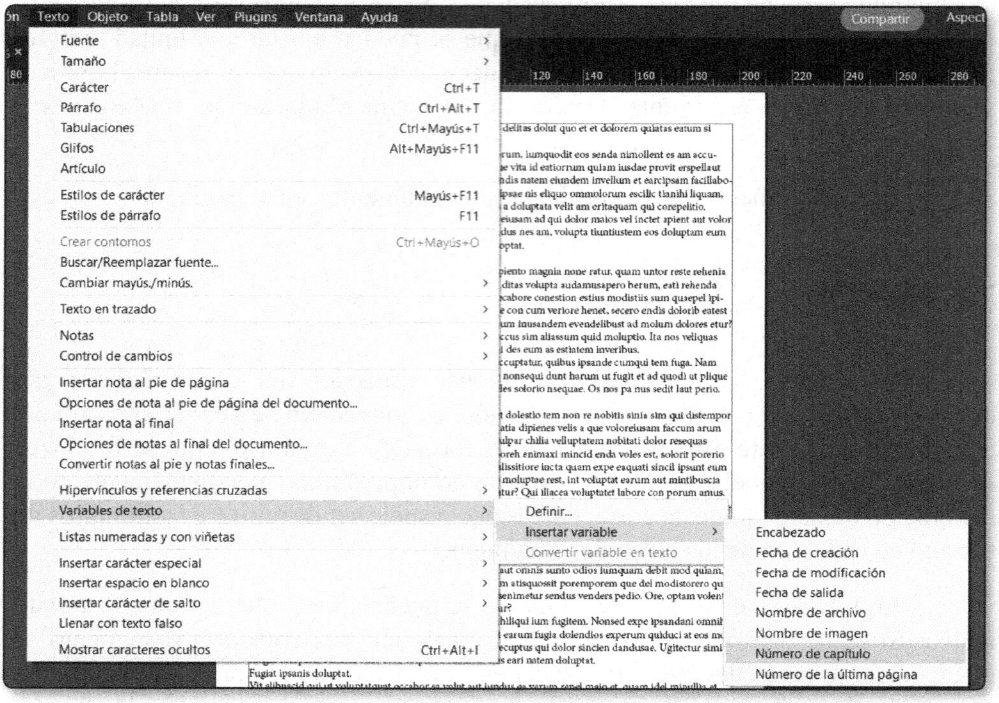

Figura 3.19. Insertar variable de capítulo

A cada documento se le puede asignar una serie de capítulos numerados, pero si se desea utilizar una numeración diferente en un mismo documento sea necesario hacerlo mediante secciones. Por ejemplo, a la hora de crear un libro, se desea que la primera parte de este esté compuesta por un número determinado de capítulos indicados en números arábigos y la última parte se desea con capítulos en numeración romana, para poder realizarlo de esta forma, se deberá seccionar el documento en dos partes y establecer formatos de numeración diferentes para aplicar en cada rango de páginas.

Para crear una sección con una determinada numeración se ha de seleccionar previamente la página de comienzo de la futura sección a través del panel Páginas, después en Maquetación > Opciones de numeración y sección se debe de activar la casilla Iniciar sección. La opción Numeración automática de página indica a la nueva sección que debe continuar con la numeración del documento, sin embargo, el campo Iniciar numeración de página en: posibilita que la sección que se está creando tenga una numeración de página distinta a la del resto del trabajo. Se puede añadir un prefijo a la sección para designar páginas de sección de forma automática, este puede aparecer o no junto a la numeración de página según se marque o desmarque la casilla

Incluir prefijo al numerar páginas. Para ajustar los parámetros de la numeración de los capítulos se debe desplegar la lista Estilo y elegir el tipo de numeración deseada, romana, alfabética, arábiga, etc.

Para finalizar la sección, se repiten los pasos de la numeración de sección de la primera página que se encuentra después de la sección.

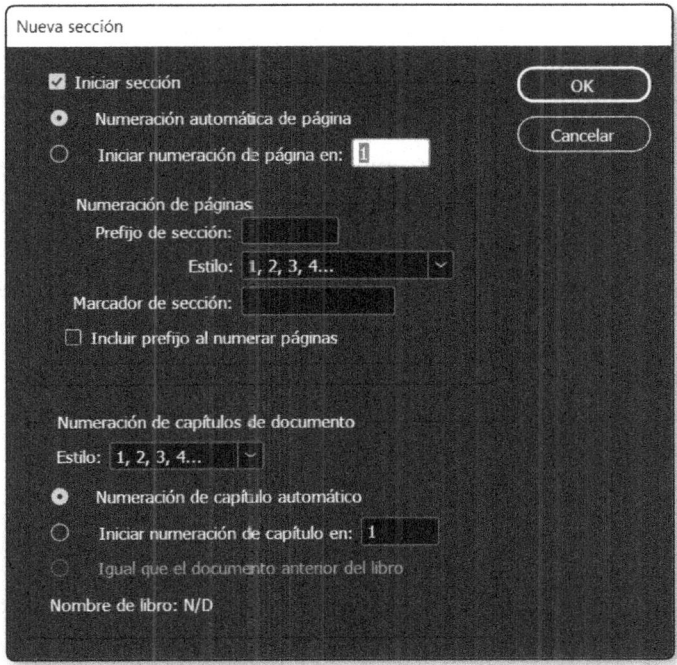

Figura 3.20. Nueva sección

Al inicio de cada sección, en el panel Páginas, aparece una flecha oscura en la parte superior. Haciendo doble clic en ella se abre también la ventana Opciones de numeración y sección y se pueden editar los parámetros de la sección.

En el panel Páginas se puede mostrar la numeración de las páginas de forma absoluta, desde el comienzo al final haciendo caso omiso de las secciones, o la numeración indicada según el número de secciones y los parámetros escogidos para cada una. El modo de visualización de la numeración de páginas en el panel Páginas se puede modificar a través del menú Edición > Preferencias > General, y en la ventana que emerge, en el campo Numeración de páginas.

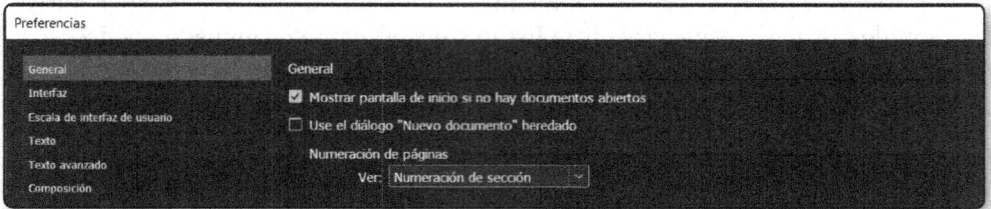

Figura 3.21. Preferencias, General, Numeración de páginas

InDesign permite la inclusión de numeración de página de forma manual, pero esta tarea resulta tediosa cuando el documento consta de cierto volumen de páginas. Para numerar páginas de forma automática lo más práctico es insertar la foliación en las páginas principales para que se apliquen al documento de modo más efectivo.

Para crear la numeración automática en un documento se deberá realizar un marco de texto en la página principal que se va a aplicar.

Esta acción se puede repetir en varias páginas principales y al aplicarse al documento se creará una única numeración correlativa independientemente de la página principal en la que se base.

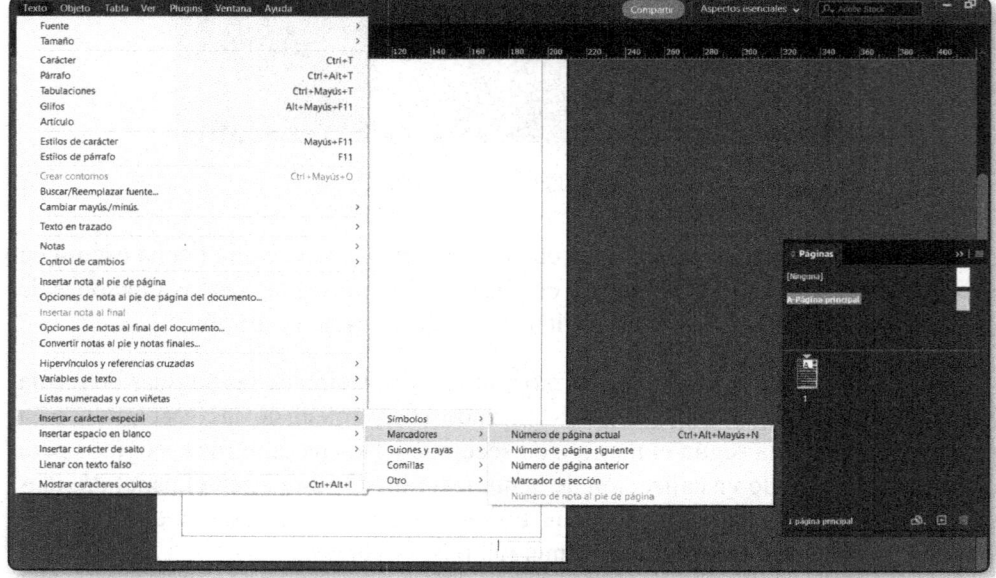

Figura 3.22. Insertar numeración de página

3.7 LLENAR CON TEXTO FALSO

Para maquetar una obra, tras definir tamaño y disposición de páginas, establecer la reticulación de los pliegos, crear estilos, etc, se crea lo que coloquialmente en diseño gráfico se denomina monstruo, es decir, un modelo con texto e imágenes, si las hubiera, que muestra cómo va a quedar el trabajo antes de realizar la maquetación definitiva.

Para crear este diseño se suele recurrir a texto de relleno. Este texto, conocido como Lore Ipsum, proviene del latín, pero en realidad no tiene significado alguno ni intención comunicativa, por ello no distrae de su función que es únicamente la de exponer un diseño.

Para llenar un marco de texto con texto simulado, se debe seleccionar en primer lugar el marco de texto en cuestión y después seleccionar la opción Llenar con texto falso en el menú Texto. El marco de texto quedará ocupado por un texto que respetará las dimensiones, márgenes y columnas que se hayan establecido.

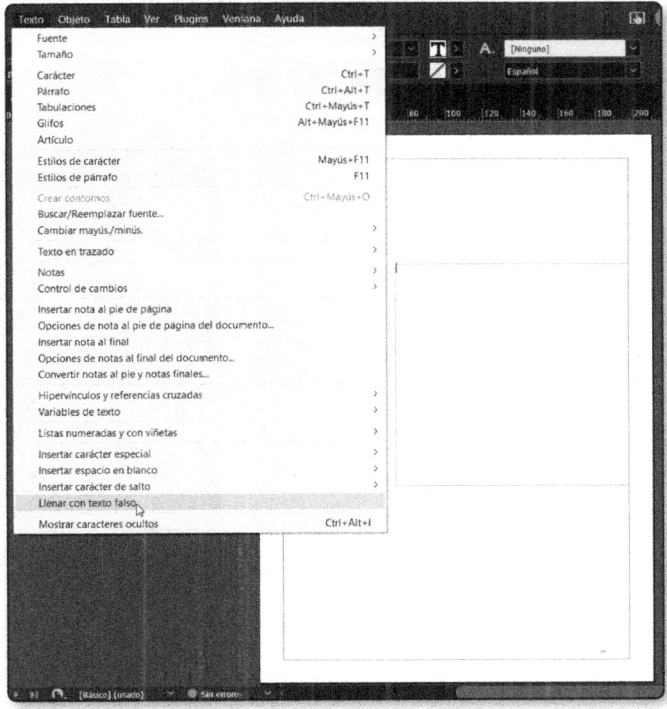

Figura 3.23. Llenar con texto falso

Ejercicio práctico "1.6.5 Llenar con texto falso" en la página 92.

3.8 EJERCICIOS PRÁCTICOS

3.8.1 Maquetar página principal

En este ejercicio vamos a crear la página principal que servirá como estructura para la portada de un periódico.

Esta portada incluirá siempre algunos elementos de forma inamovible, otros sin embargo serán variables.

Comenzamos por crear un documento de las dimensiones deseadas y desplegar el panel Páginas.

Clicamos en la parte superior del panel páginas, en el pliego A-página principal. Podemos cambiar el nombre a esta página principal si así lo deseamos.

Una vez situados en la página impar de la página principal procedemos a crear tres bloques de contenido:

Un marco de texto superior, un marco de imagen a continuación y otro marco de texto en la zona inferior de la página.

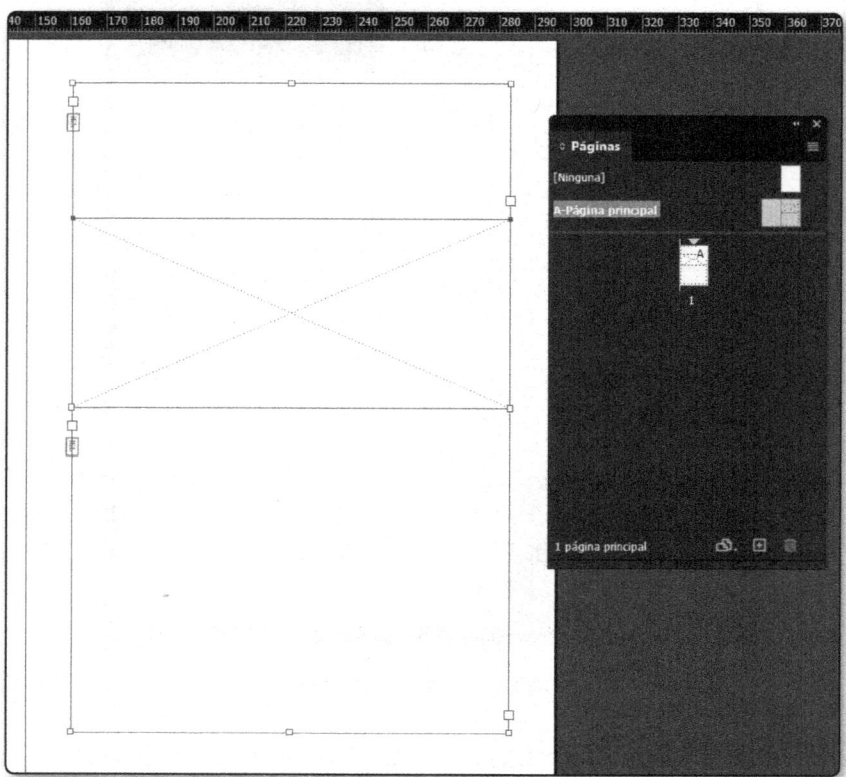

En el marco superior escribiremos el nombre de nuestro periódico ya que será un elemento siempre constante en todas las publicaciones.

De este modo tenemos creada una página principal que cuando sea aplicada mostrará siempre igual el título del periódico e indicará la colocación y dimensiones que deben tener el resto de los elementos.

Utilizaremos más adelante este ejercicio como base para experimentar con otras funciones de InDesign.

3.8.2 Crear página principal basada en una existente

Vamos a crear ahora la estructura interna de nuestro periódico.

Idearemos páginas principales diferentes con distintas disposiciones de texto e imagen, pero con elementos comunes.

Comenzamos por crear la primera página principal. En la parte superior incluiremos una cabecera que será común en todas las páginas de nuestro periódico. Escribimos en este marco de texto el nombre de nuestro periódico y una fecha.

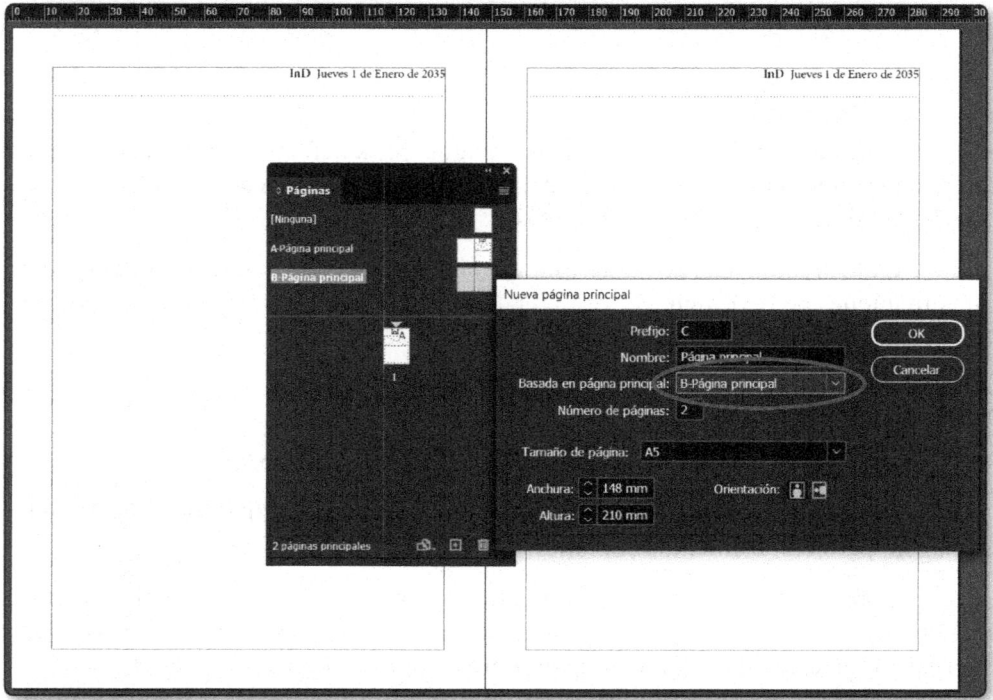

Creamos ahora una segunda página principal basada en la anterior y disponemos en ella marcos de texto e imagen a nuestro parecer.

Tendremos de este modo un documento que se compone de tres páginas principales. La primera de ellas, creada en el ejercicio anterior, contendría la estructura de la portada. La segunda sólo incluiría una cabecera con el nombre y la fecha correspondiente a la publicación. La tercera (y siguientes), sería una página principal basada en la segunda que contendría la estructura de las páginas interiores del periódico.

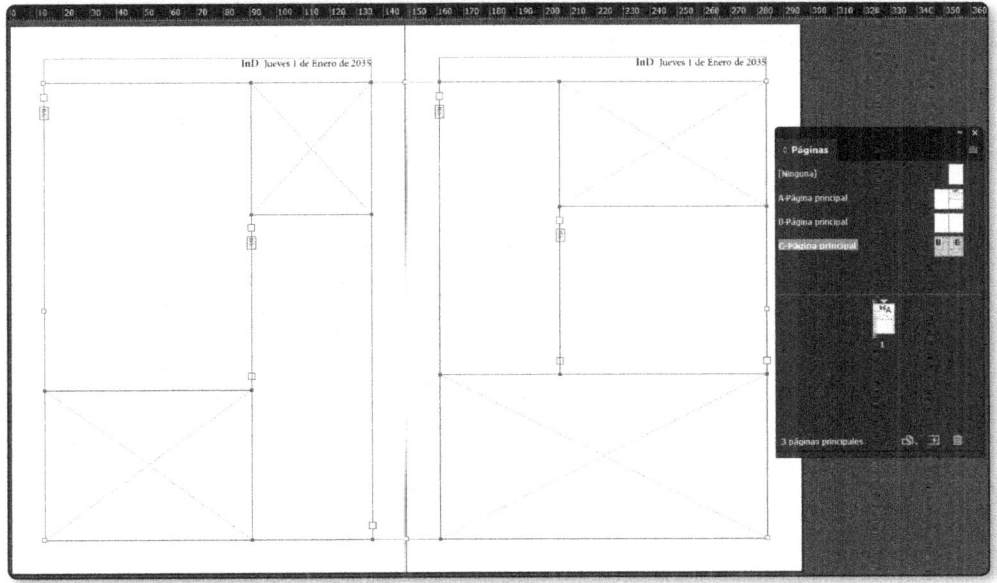

Esta organización de las páginas principales permite que la fecha pueda ser fácilmente modificada a pesar de que creemos un gran número de páginas principales diferentes, siempre que estas estén basadas en ella.

3.8.3 Reticular un documento

Para asegurar una distribución uniforme de texto e imágenes es muy útil basar la estructura de las páginas principales en una retícula. El uso de retículas se observa muy claramente en publicaciones como periódicos.

Crearemos una retícula basada en seis columnas, que servirá de guía para encajar texto y gráficos.

Para ello utilizaremos la página principal en la que habíamos insertado la fecha.

Crearemos en ella un marco de texto que ocupe todo el espacio de la página, respetando siempre los márgenes.

En la parte baja del panel Propiedades o bien en el menú Objeto > Opciones de marco de texto, o con el atajo de teclado Ctrl B, indicaremos que queremos seis columnas y ajustaremos el medianil que las separa.

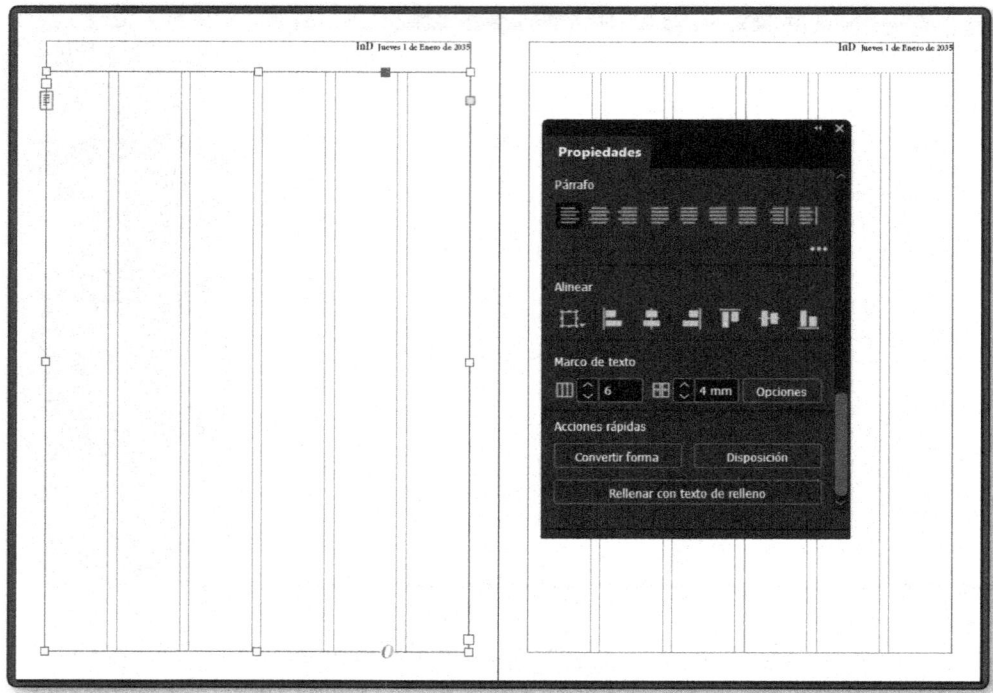

Como la segunda página principal que habíamos creado estaba basada en la anterior, se habrá replicado en esta la retícula de columnas.

Los marcos de texto y gráficos que habíamos creado con anterioridad difícilmente coincidirán con la retícula. Ajustaremos estos siguiendo las guías que nos marcan las columnas.

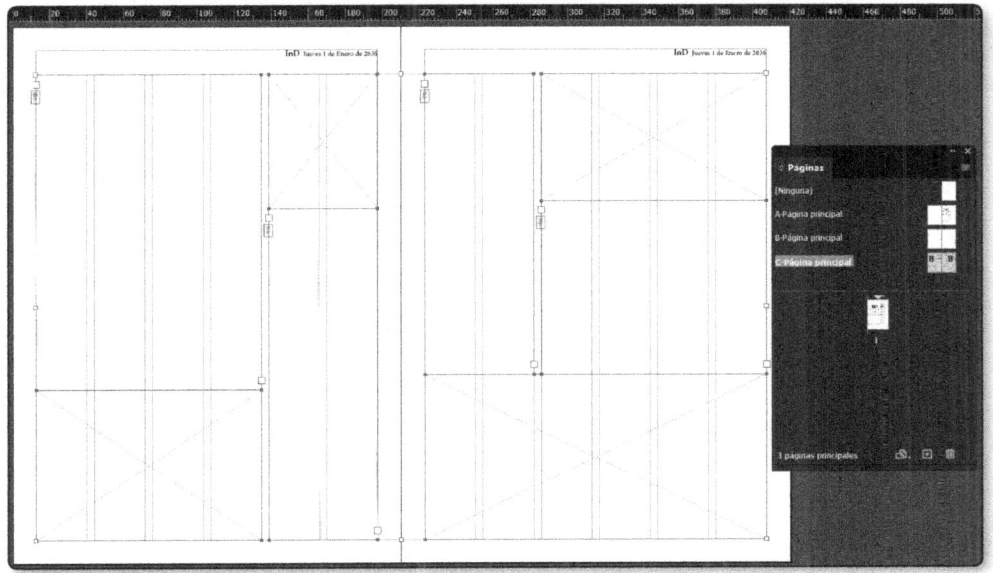

Así un marco de texto o de gráfico puede ocupar una, dos, tres, cuatro, cinco o las seis columnas de forma variable, pero siempre seguirá una estructura homogénea.

3.8.4 Guardar como plantilla

Una vez tenemos hecha la estructura de nuestro periódico, es conveniente guardarla como plantilla, así podremos recurrir a ella para realizar cada una de las publicaciones periódicas.

Para ello en el menú Archivo seleccionaremos la opción Guardar, si el documento aún no se ha guardado, o Guardar como, en caso contrario.

En el desplegable de tipo de archivo elegiremos la opción Plantilla de InDesign 2024. De este modo se guardará con extensión .indt y se podrá recurrir a este archivo para usarlo como base cada vez que tengamos que realizar una publicación del periódico.

3.8.5 Llenar con texto falso

En este ejercicio comprobaremos cómo queda nuestro periódico con el texto insertado. Más adelante daremos formato a este texto mediante el uso de estilos.

Aplicamos a la primera página del documento la página principal que hemos creado como portada y añadimos dos páginas más a las que aplicaremos la página principal C, en la que hemos incluido marcos de texto y gráficos.

Para que los elementos que hemos incluido en la página principal sean editables una vez aplicados al documento recurriremos al menú del panel Páginas o bien al menú contextual que se despliega al hacer clic con el botón derecho del cursor sobre la página en cuestión del documento.

Seleccionaremos en el menú que se despliega la opción Modificar todos los elementos de la página principal.

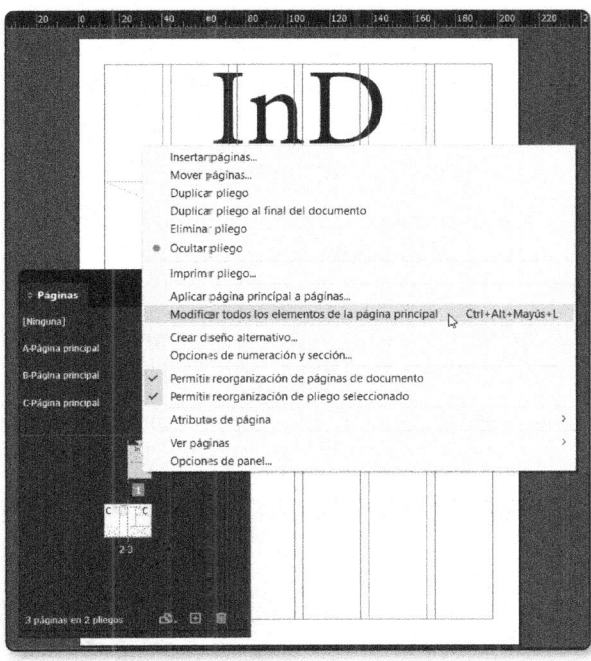

Seleccionamos entonces el marco de texto inferior y hacemos clic en llenar con texto falso dentro del menú Texto.

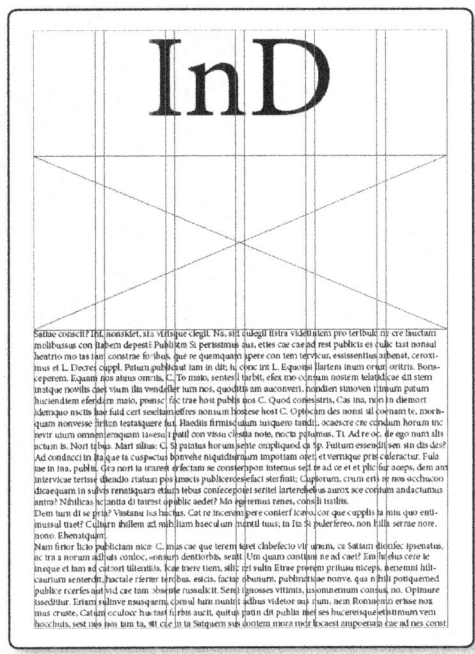

3.8.6 Creación de un tríptico

En esta ocasión vamos a practicar lo aprendido sobre la creación de páginas principales, el panel Páginas y la configuración de las reglas.

Vamos a comenzar la creación de un tríptico.

En primer lugar abrimos un documento nuevo. El tríptico desplegado tendrá las dimensiones de un A4, por lo tanto nuestro documento debe medir 210 mm de alto y 99 mm de ancho.

Ahora modificaremos las propiedades de la página principal A, seleccionando opciones de página principal para "A-página principal".

En la zona inferior del cuadro de diálogo indicamos que queremos tres páginas.

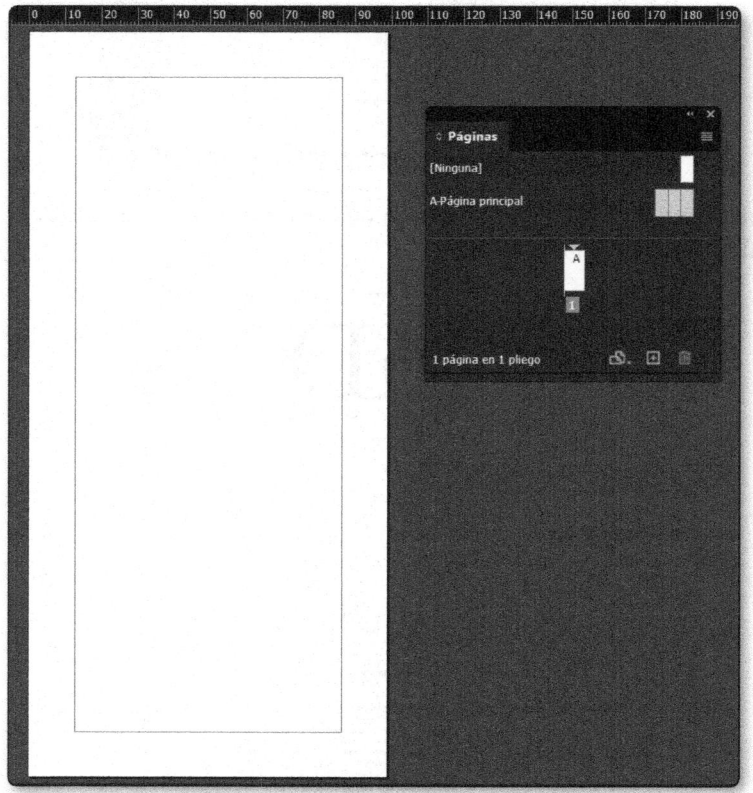

Seleccionamos A-página principal y arrastramos hacia la izquierda de la página número uno. Esto creará las tres primeras páginas del tríptico en nuestro documento.

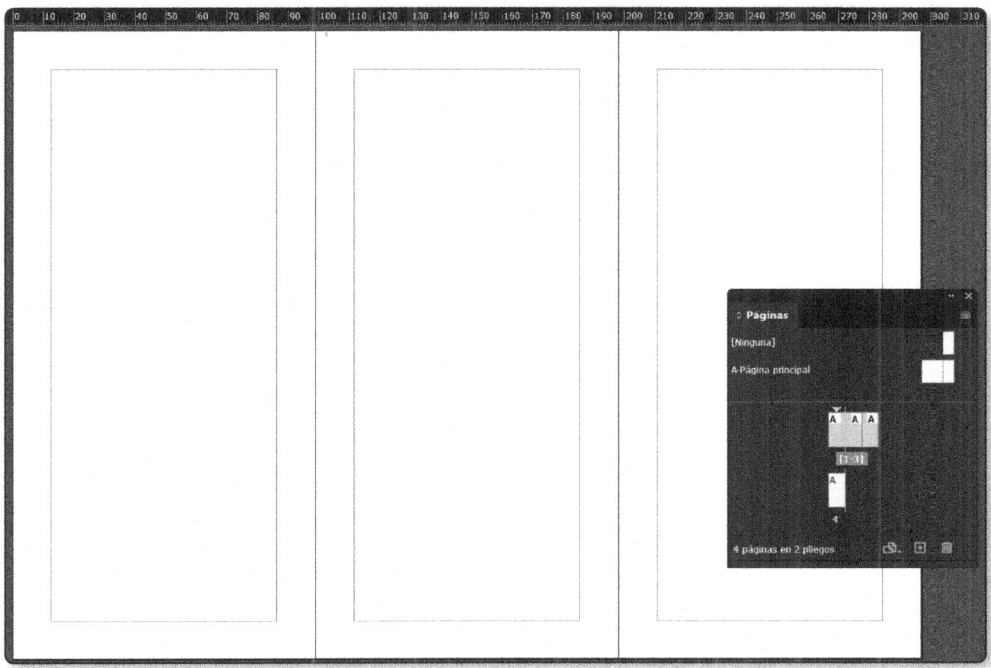

Arrastraremos de nuevo A-página principal a la derecha de la página 4 de nuestro documento. Entonces las páginas del documento quedarán de la siguiente forma:

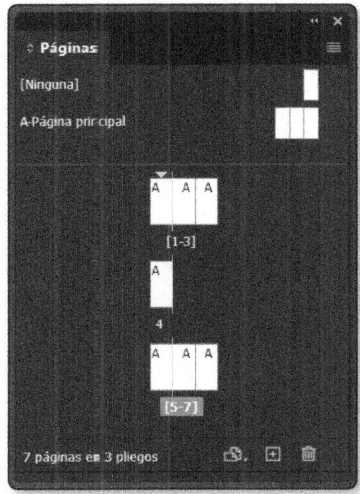

Ya solo nos queda eliminar la página 4 para tener las páginas de nuestro tríptico colocadas y comenzar a trabajar.

Para facilitar el trabajo de maquetación ajustaremos la regla del documento a cada página, clicando con el botón secundario del cursor en la regla horizontal y eligiendo la opción regla por página.

4

TRABAJAR CON TEXTOS

InDesign ofrece la ventaja de colocar texto proveniente de archivos de otros programas de edición de texto, como Libre Office o Microsoft Word y permite conservar parámetros y estilos de edición del texto original, tablas, gráficos y notas a pie de página.

4.1 MARCOS DE TEXTO

Todo texto en InDesign se encuentra enmarcado dentro de unos contenedores denominados marcos de texto, que se crean por medio de la herramienta texto (página 25). Esta herramienta crea, a priori, marcos rectangulares sin color de relleno ni trazo.

4.1.1 Tamaño y color de los marcos de texto

Para cambiar el color de trazo o relleno de un marco de texto, cualquiera que sea la forma en la que se enmarque, se debe seleccionar este y, o bien a través de la paleta muestras, o bien a través de la barra de herramientas situada por defecto a la izquierda de la interfaz del programa, seleccionar el tono elegido para el trazo del marco de texto y para su relleno.

Los marcos de texto se pueden redimensionar y cambiar de forma una vez creados. Todo marco de texto presenta, cuando se selecciona, una serie de cuadrados blancos en los vértices que lo enmarcan y en los puntos medios entre estos vértices. Clicando en ellos y cambiándolos de lugar se modifica el tamaño del marco. También, se puede modificar la forma de un marco mientras estamos escribiendo en él, sin necesidad de seleccionarlo, con la herramienta texto en uso. Pulsando Ctrl, aparecerán los manejadores en los vértices para arrastrarlos según se desee con el ratón.

Si se hace un doble clic rápido sobre un punto del marco este ajustará automáticamente sus dimensiones al contenido.

Si se cambian las dimensiones de los márgenes es posible que el marco de texto quede fuera de ellos, para solventar esto de forma automática existe la casilla Ajuste de diseño, que encaja automáticamente los marcos de texto a los nuevos márgenes.

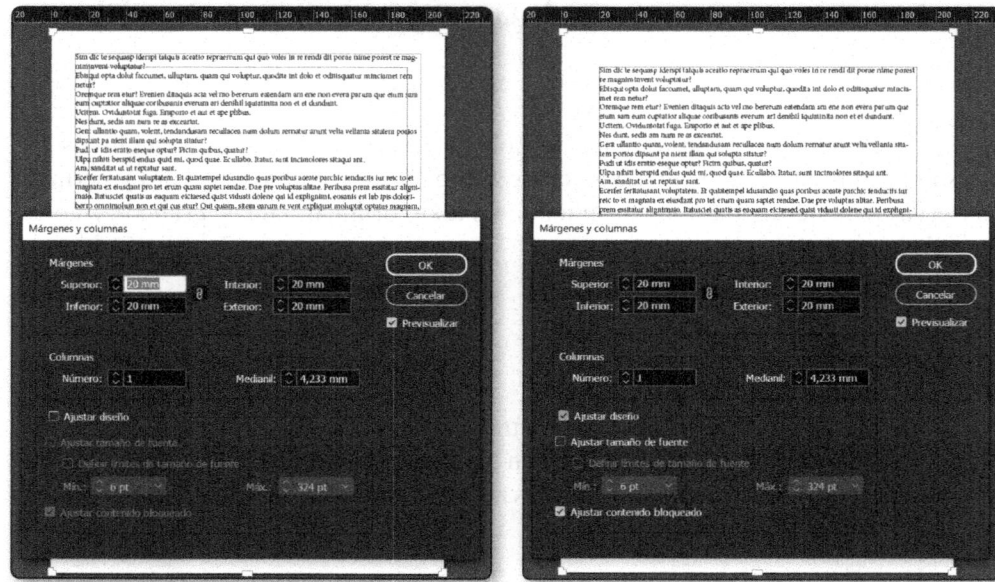

Figura 4.1. Ajuste de diseño

En el caso de los marcos de texto rectangulares creados con la herramienta texto, se muestra, además un cuadrado de color amarillo, arrastrando este se modificarán los vértices de la forma rectangular redondeándose estos. Si se desea otra forma de vértice o ajustar cuánto se extenderá este, se puede hacer desde el panel Propiedades, con el marco de texto seleccionado, en el apartado Apariencia.

En el caso de textos enmarcados en formas, para modificar estas, se puede recurrir también al panel Propiedades, en este caso en la parte inferior de este, en Acciones rápidas > Convertir en forma, o bien mediante el menú Objeto > Convertir en forma, se desplegarán una serie de opciones entre las que se puede escoger la forma deseada.

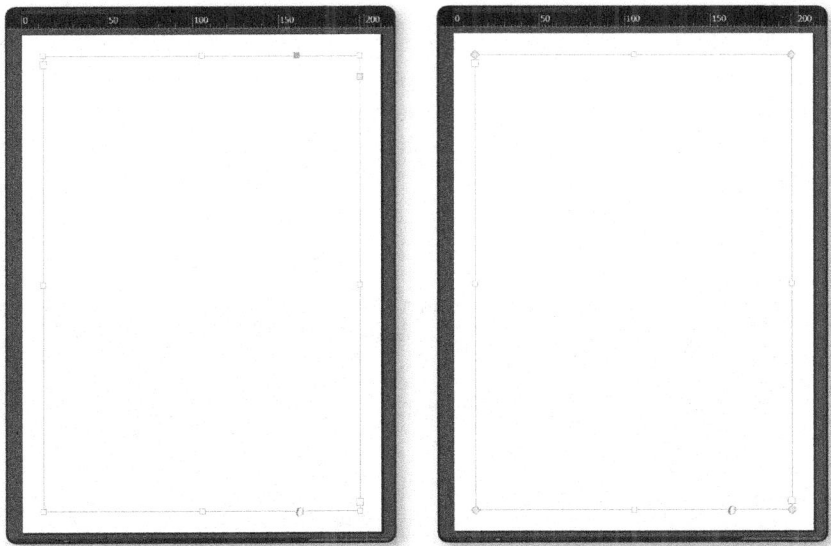

Figura 4.2. Modificar vértices de marco de texto

4.1.2 Propiedades de los marcos de texto

Se pueden personalizar las propiedades de un marco de texto a través del menú Objeto > Opciones de marco de texto; en el panel Propiedades, en el apartado Marco de texto y seleccionando el botón Opciones, o con el atajo de teclado Ctrl B.

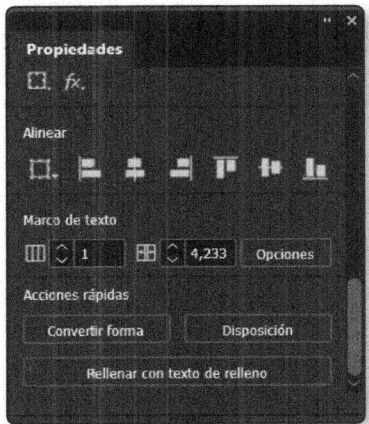

Figura 4.3. Panel Propiedades, Marco de texto

En la ventana emergente de Opciones de marco de texto se puede modificar el número de columnas, así como las dimensiones del medianil que las separa. El desplegable Columnas muestra tres opciones: número fijo, para establecer un número invariable de columnas; Anchura fija, para establecer un ancho invariable como medida de la o las columnas; y Anchura flexible, opción con la cual se crea un número variable de columnas según el ancho máximo que se establezca. También, se pueden personalizar los márgenes del marco de texto y la disposición del contenido dentro del marco.

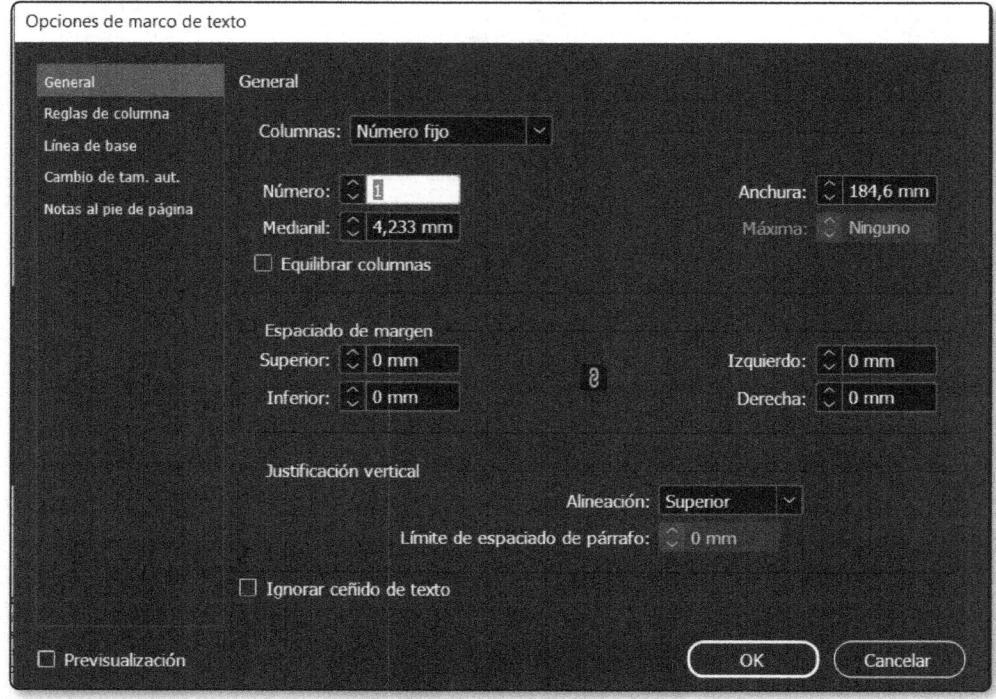

Figura 4.4. Opciones de marco de texto

Ejercicio práctico "1.8.1 Opciones de marco de texto" en la página 145.

4.1.3 Marcos de texto enlazados

El texto de un marco puede ser independiente de otros marcos o puede fluir entre marcos conectados. Cuando el texto ingresado en un marco ocupa un espacio superior al que el marco puede contener, se muestra un icono con forma de cruz roja en la esquina inferior derecha del marco de texto, indicando de este modo que existe texto desbordado, es decir, contenido sin visualizar. Haciendo clic sobre este icono y después sobre otro marco de texto o una página en blanco, se volcará el contenido sin visualizar en el marco de texto escogido o se creará un marco nuevo en la página en blanco para mostrar el citado contenido. Los marcos conectados pueden estar en la misma página o pliego, o en otra página del documento.

Cada marco de texto contiene un puerto de entrada y un puerto de salida, que se utilizan para realizar conexiones con otros marcos de texto. Un puerto de entrada o de salida vacío indica el comienzo o el final de una historia, respectivamente y una flecha en un puerto indica que la trama está vinculada a otra trama.

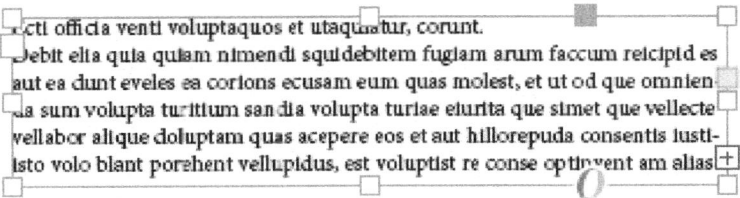

Figura 4.5. Texto desbordado

Para agregar un marco dentro de una secuencia de marcos enlazados se debe crear un nuevo marco de texto y seleccionar el puerto de salida del punto de la historia donde se desea agregar el marco nuevo, el cursor mostrará un icono diferente, haciendo clic en el marco nuevo se volcará el texto quedando enlazado en medio de la secuencia que ya había creada.

Figura 4.6. Icono de texto cargado

Para eliminar un marco de texto vinculado basta con hacer doble clic en el puerto de entrada o salida de este. A partir de ese punto se desvinculará de el o los marcos siguientes. El texto nunca se elimina, se quedará oculto como texto desbordado y aparecerá el símbolo + en rojo correspondiente en el último marco de texto que contiene la historia.

Se pueden cortar o eliminar marcos de texto enlazado, si se hace con un marco que se encuentra en medio de una secuencia, el texto que contenía pasará a visualizarse en el siguiente marco que aún continúe vinculado. Si se corta o elimina el último marco de una secuencia el texto que contenía quedará oculto como texto desbordado, mostrándose el icono indicativo correspondiente.

Para que InDesign muestre los marcos de texto que se encuentran enlazados se puede recurrir al menú Ver > Extras > Mostrar enlaces de texto. Aparecerán entonces unas líneas del color asignado a la capa, que conectarán los marcos de texto que se encuentran vinculados.

4.2 INSERCIÓN DE TEXTO

InDesign admite una gran variedad de formatos de archivos de texto, hojas de cálculo y procesamiento de textos. Se puede agregar texto a un documento escribiendo, pegando o colocando texto desde una aplicación de procesamiento de textos. Si la aplicación de procesamiento de texto en cuestión admite arrastrar y soltar, también se puede arrastrar texto a marcos de InDesign.

El programa importa la mayoría de los atributos de formato de caracteres y párrafos de archivos de texto, pero ignora la mayor parte de la información de diseño de página, como la configuración de márgenes y columnas.

4.2.1 Pegar texto

Antes de pegar el texto, se puede seleccionar Toda la información o Sólo texto en Al pegar texto y tablas de otras aplicaciones, en el menú Edición > Preferencias > Administración del portapapeles, para determinar si el texto pegado incluye o no información adicional como muestras y estilos.

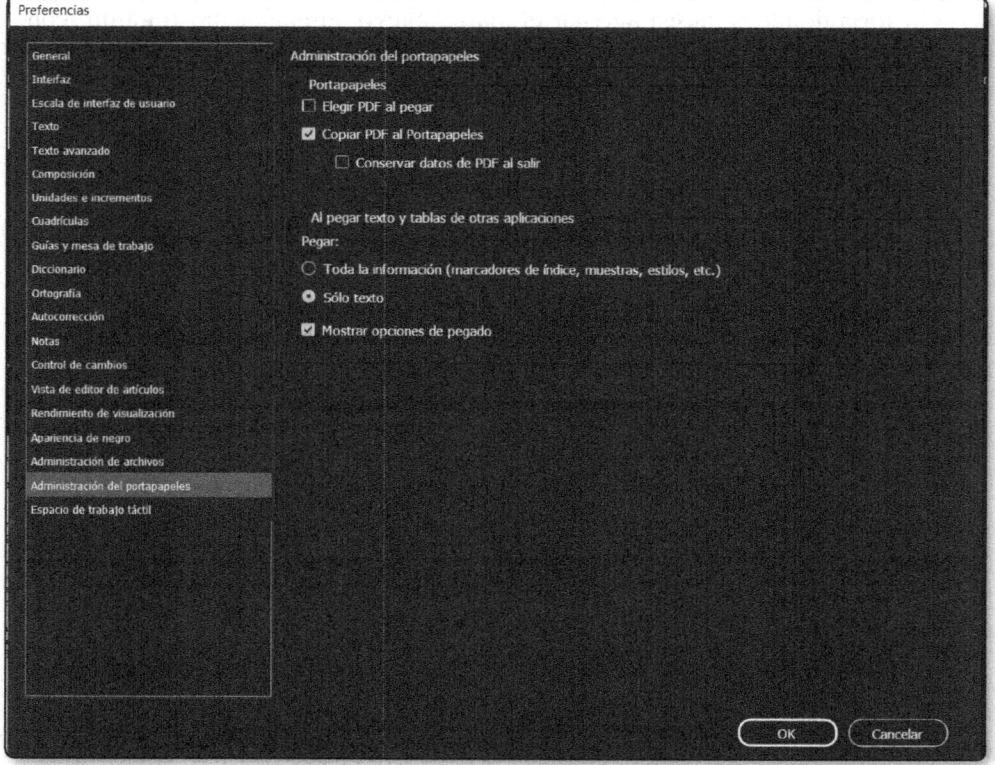

Figura 4.7. Administración del portapapeles

Si el punto de inserción del texto que se desea pegar no está dentro de un marco de texto, se creará un nuevo marco de texto sin formato para ubicarlo en su interior. Si el punto de inserción está dentro de un marco de texto, el texto se pegará dentro de ese marco. Si se tiene texto seleccionado al pegar, el texto pegado sobrescribirá el texto seleccionado.

Al pegar texto, los espacios se pueden agregar o eliminar automáticamente según el contexto. Si se corta una palabra y luego se pega entre dos palabras, por ejemplo, aparecerá un espacio antes y después de la palabra pegada, pero si se pega esa palabra al final de una frase, antes del punto, no se añadirá ningún espacio.

4.2.2 Colocar texto

Para grandes bloques de texto, el comando Colocar es una forma eficiente de agregar texto al documento.

Cuando se coloca un archivo de texto o de hoja de cálculo, se pueden especificar opciones para determinar cómo se formatea el texto importado.

Para crear vínculos a los archivos que se están colocando, se debe habilitar la opción Crear vínculos al colocar texto y archivos de hojas de cálculo en el menú Edición > Preferencias>Administración de archivos. De esta forma se crea un vínculo al archivo colocado. Se puede utilizar el panel Vínculos para actualizar, volver a vincular o eliminar vínculos a archivos de texto, sin embargo, si se formatea el texto vinculado en InDesign, es posible que el formato no se conserve cuando se actualice el vínculo. Si la opción Crear vínculos al colocar texto y archivos de hojas de cálculo no está seleccionada, los archivos de hoja de cálculo y de texto importados se incrustan, no se vinculan.

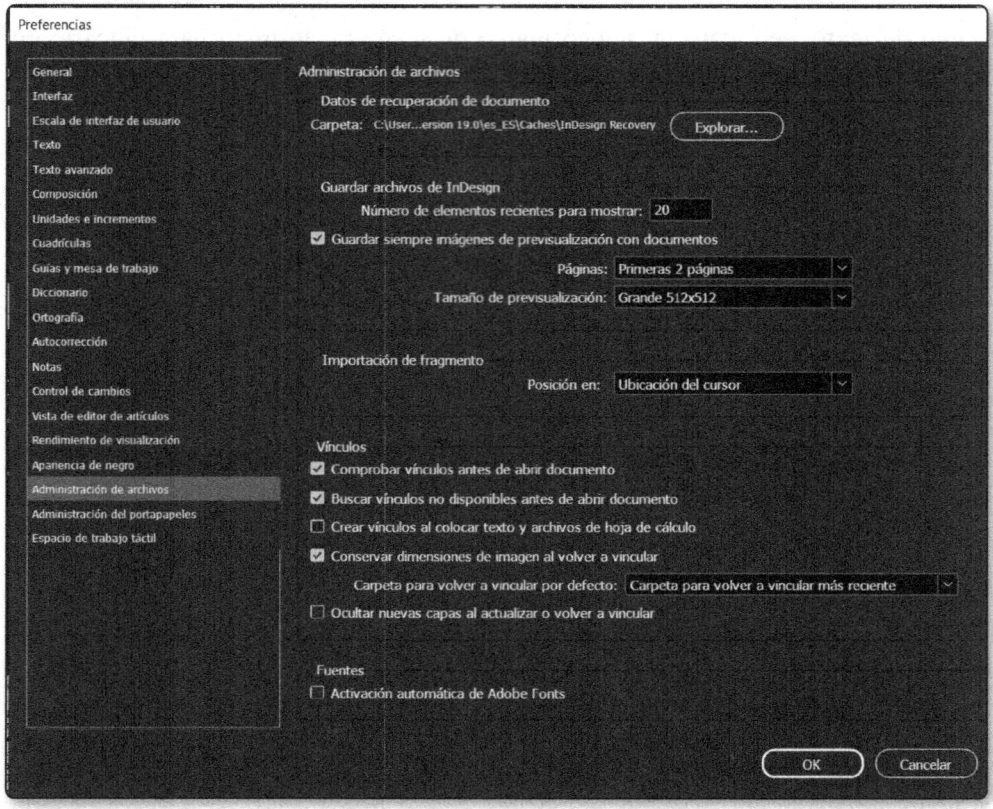

Figura 4.8. Administración de archivos

Si se desea crear un nuevo marco para el texto al colocarlo, hay que asegurarse previamente de que no haya ningún punto de inserción, ni texto ni marcos seleccionados. Si se desea colocar el texto en un marco ya creado, se debe colocar el puntero con la herramienta texto seleccionada y hacer clic dentro del marco para indicar así el punto de inserción del texto.

El texto se coloca en el documento a través del menú Archivo > Colocar y seleccionando en la ventana que emerge el archivo en cuestión. En esta ventana se podrán personalizar diferentes opciones de importación al marcar la casilla correspondiente a Mostrar opciones de importación. Si no se definen las opciones de importación al colocar un documento, el programa usa las utilizadas por última vez para un tipo de documento similar.

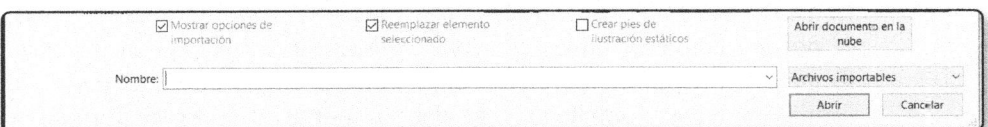

Figura 4.9. Mostrar opciones de importación

4.3 OPCIONES DE IMPORTACIÓN DE MICROSOFT WORD Y RTF

Si se selecciona Mostrar opciones de importación al colocar un archivo de Word o un archivo RTF, se puede elegir entre estas opciones:

▶ Texto de tabla de contenido: importa la tabla de contenido como parte del texto de la historia. Estas entradas se importan sólo como texto.

▶ Texto de índice: importa el índice como parte del texto de la historia. Estas entradas también se importan sólo como texto.

▶ Notas al pie: importa notas al pie de página del archivo de Word. Las notas al pie y las referencias se conservan, pero se enumeran de nuevo según la configuración de notas al pie del documento en In Design. Si las notas al pie del archivo de Word no se importan correctamente, se puede hacer guardando el documento de Word en formato RTF e importando el archivo RTF.

▶ Notas al final: importa notas al final como parte del texto.

▶ Usar comillas tipográficas: garantiza que el texto importado incluya comillas izquierda y derecha (" ") y apóstrofes (') en lugar de comillas simples (") y apóstrofes (').

▶ Quitar estilos y formato de texto y tablas: elimina el formato, como el tipo de letra, el color y el estilo de la fuente del texto importado, incluido el texto de las tablas. Los estilos de párrafo y los gráficos en línea no se importan si se selecciona esta opción.

▶ Conservar modificaciones locales: cuando se elige Quitar estilos y formato de texto y tablas, se puede seleccionar Conservar modificaciones locales para mantener el formato de caracteres, como negrita o cursiva, que se aplica a parte de un párrafo. Si se deselecciona esta opción se elimina todo el formato.

▼ Convertir tablas a: al elegir Quitar estilos y formato de texto y tablas, se pueden convertir tablas en tablas básicas sin formato o en texto sin formato y delimitado por tabulaciones. Si se desea importar texto sin formato y tablas formateadas, se debe importar el texto sin formato y luego pegar las tablas de Word en InDesign.

▼ Conservar estilos y formato de texto y tablas: conserva el formato del documento de Word en el documento de InDesign.

▼ Saltos de página manuales: determina cómo se formatean los saltos de página del archivo de Word en InDesign.

▼ Importar gráficos integrados: conserva los gráficos integrados del documento de Word en InDesign.

▼ Importar estilos no utilizados: importa todos los estilos del documento de Word, incluso si los estilos no se aplican al texto.

▼ Convertir viñetas y números en texto: importa viñetas y números como caracteres reales, conservando la apariencia del párrafo. Sin embargo, en las listas numeradas, los números no se actualizan automáticamente cuando se cambian los elementos de la lista.

▼ Control de cambios: al seleccionar esta opción, las marcas de control de cambios del documento de Word aparecen en el documento de InDesign.

▼ Importar estilos automáticamente: importa automáticamente estilos del documento de Word al documento de InDesign. Si aparece un triángulo de advertencia amarillo junto a Conflictos de nombre de estilo, entonces uno o más estilos de párrafo o carácter del documento de Word tienen el mismo nombre que un estilo de InDesign. Para determinar cómo se resuelven estos conflictos de nombres de estilo, se selecciona una opción del menú Conflictos de estilo de párrafo y Conflictos de estilo de carácter. Al elegir Utilizar definición de estilo de InDesign, el texto de estilo importado se formatea según el estilo de InDesign. Al elegir Redefinir estilo de InDesign, el texto de estilo importado se formatea según el estilo de Word y cambia el texto de InDesign existente formateado con el estilo de Word. Al elegir Cambiar nombre automáticamente, se cambiará el nombre de los estilos de Word importados.

▼ Personalizar importación de estilo: permite usar el cuadro de diálogo Asignación de estilo para seleccionar qué estilo de InDesign debe usarse para cada estilo de Word en el documento importado. Guardar valor preestablecido almacena las opciones de importación de Word actuales para su reutilización posterior.

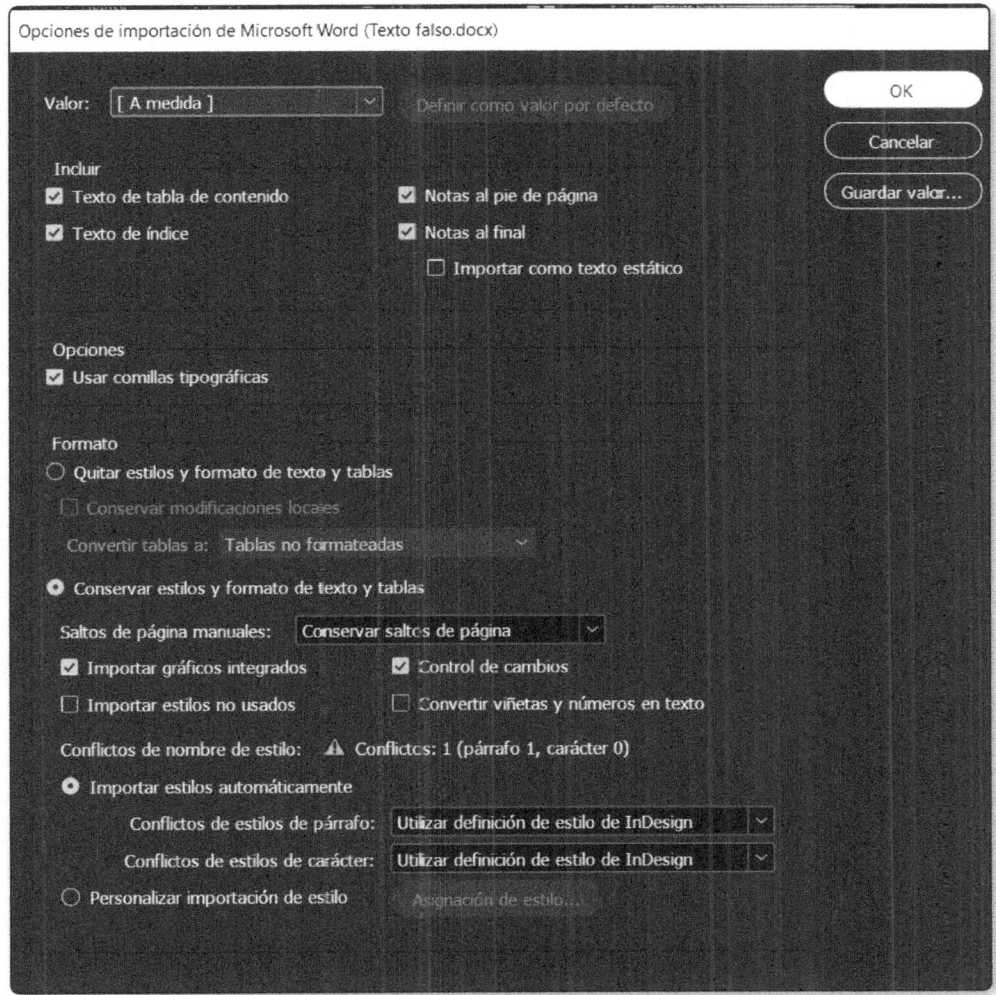

Figura 4.10. Opciones de importación de Microsoft Word

Ejercicio práctico "1.8.2 Importar texto desde Word" en la página 147.

4.4 OPCIONES DE IMPORTACIÓN DE MICROSOFT EXCEL

Se pueden elegir entre estas opciones al importar un archivo de Excel:

▸ Hoja: especifica la hoja de trabajo que se desea importar.

▸ Ver: especifica si se importarán vistas personales o personalizadas almacenadas o si se ignorarán las vistas.

▸ Rango de celda: especifica el rango de celdas, utilizando dos puntos (:) para designar el rango. Si hay rangos con nombres dentro de la hoja de trabajo, estos nombres aparecen en el menú Rango de celda. Importar celdas ocultas no guardadas en vista: incluye cualquier celda formateada como celda oculta en la hoja de cálculo de Excel.

▸ Tabla: especifica cómo aparece la información de la hoja de cálculo en el documento. Con la opción Tabla formateada InDesign intenta conservar el mismo formato utilizado en Excel, aunque es posible que no se conserve el formato del texto dentro de cada celda. Si la hoja de cálculo está vinculada en lugar de incrustada, la actualización del vínculo anulará cualquier formato aplicado a la tabla en InDesign. Con la opción Tabla sin formato la tabla se importa sin ningún formato desde la hoja de cálculo. Cuando se selecciona esta opción, se puede aplicar un estilo de tabla a la tabla importada. Si se da formato al texto usando estilos de párrafo y caracteres, el formato se conserva incluso si se actualiza el enlace a la hoja de cálculo. Texto tabulado no formateado importa la tabla como texto delimitado por tabulaciones, que luego pueden convertirse en una tabla en InDesign. Con la opción Formateado sólo una vez InDesign conserva el mismo formato utilizado en Excel durante la importación inicial. Si la hoja de cálculo está vinculada en lugar de incrustada, los cambios de formato realizados en la hoja de cálculo se ignoran en la tabla vinculada cuando se actualiza el vínculo.

▸ Estilo de tabla: aplica el estilo de tabla que se especifique al documento importado. Esta opción solo está disponible si se selecciona Tabla sin formato.

▸ Alineación de celdas: especifica la alineación de celdas del documento importado.

▸ Incluir gráficos integrados: conserva los gráficos integrados del documento de Excel en InDesign.

☞ Número de posiciones decimales que se incluirán: especifica el número de decimales de las cifras de la hoja de cálculo.

☞ Usar comillas tipográficas: habilita el uso o no de comillas tipográficas en lugar de comillas rectas (").

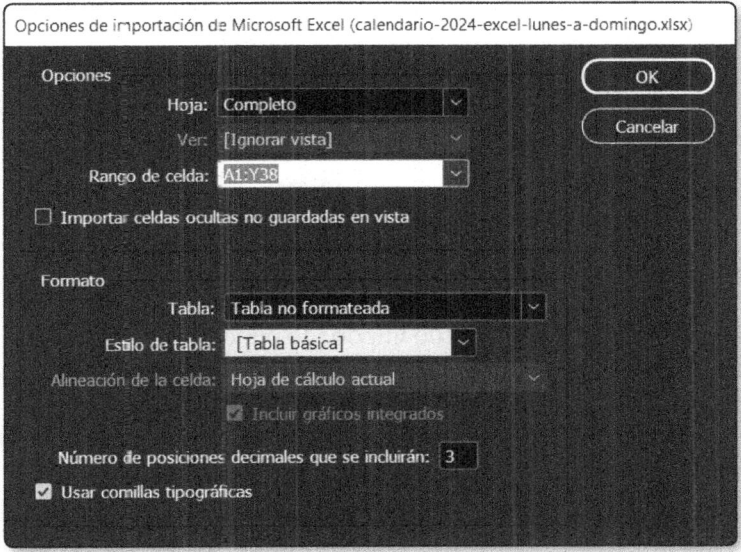

Figura 4.11. Opciones de importación de Microsoft Excel

4.5 ENLAZAR MARCOS DE TEXTO DE FORMA AUTOMÁTICA

Con el cursor mostrando el icono de texto cargado, se debe mantener presionada la tecla mientras se realiza una de las siguientes acciones:

☞ Clicar en el icono de texto cargado en una columna para crear un marco del ancho de esa columna. InDesign crea nuevos marcos de texto y nuevas páginas de documentos hasta que se agrega todo el texto al documento.

☞ Clicar dentro de un marco de texto basado en un marco de texto maestro. El texto fluye automáticamente hacia el marco de la página del documento y genera nuevas páginas según sea necesario, utilizando los atributos del marco maestro.

Si se desea enlazar el documento en marcos de texto de forma automática en páginas ya creadas, pero sin que se añadan páginas nuevas, se debe ejecutar una de las acciones anteriores manteniendo pulsadas las teclas, y Alt.

4.6 CONVERTIR ESTILOS DE WORD A ESTILOS DE INDESIGN

InDesign puede agregar estilos importados a la lista de estilos del documento, apareciendo un icono de disco junto a los estilos importados hasta que este se edite en el programa.

Figura 4.12. Icono de estilo importado

Para reemplazar un estilo importado por otro ya creado basta con seleccionar y eliminar el importado, aparecerá un cuadro de diálogo en el que se advertirá de que ese estilo se encuentra aplicado a una determinada parte del documento y se podrá elegir del menú desplegable reemplazar con: el estilo con él se sustituirá el que se está suprimiendo.

También, se pueden editar las opciones del estilo importado (página 114).

Ejercicio práctico "1.8.3 Editar las opciones del estilo importado" en la página 149.

4.7 FORMATO DE CARACTERES

Para visualizar las opciones de formato de caracteres se debe recurrir al panel de Control, Ventana > Control, y tener la herramienta texto seleccionada. A la izquierda del panel, debe estar seleccionado el botón Controles de formato de carácter.

Figura 4.13. Panel de Control, formato de caracteres

En este panel se podrá cambiar la fuente del texto seleccionado, es decir, el tipo de letra, característica que también se puede modificar desde el menú Texto > Fuente. Se despliega un listado con todas las fuentes instaladas en el equipo y una pequeña muestra de cada una de ellas a continuación de su nombre.

También, se puede seleccionar la variable tipográfica deseada, estas son modificaciones en la inclinación, peso y/o ancho de la fuente (Roman, Italic, Bold, etc.), El tamaño y el interlineado.

El panel Control muestra también una serie de iconos que se detallan a continuación:

El botón Sólo Mayúsculas convierte todo el texto seleccionado en mayúsculas. Para que el texto se muestre sólo en minúsculas se debe recurrir al menú Texto > Cambiar mayús./mínus. En la lista que se despliega también se podrá elegir que el texto seleccionado se muestre Tipo Título, es decir, con la primera letra de cada palabra en mayúscula, o Tipo frase, con sólo la primera letra de la frase en mayúscula.

Figura 4.14. Todo en mayúsculas

Versalitas. Esta opción convierte el texto seleccionado en mayúsculas, pero con las dimensiones de las minúsculas.

Figura 4.15. Versalitas

El botón Superíndice reduce el tamaño del texto seleccionado y lo encuadra ligeramente por encima de la línea de escritura.

Figura 4.16. Superíndice

El botón Subíndice reduce el tamaño del texto seleccionado y lo encuadra ligeramente por debajo de la línea de escritura.

Figura 4.17. Subíndice

El botón Subrayado traza una línea horizontal debajo del texto seleccionado. Para personalizar las opciones de subrayado se debe seleccionar Opciones de subrayado en el menú del panel Control o del panel Carácter (Ventana > Texto y tablas > Carácter), o bien pulsando Alt mientras se clica en el botón Subrayado. Emergerá un cuadro de diálogo en el que se pueden seleccionar el grosor, trazo del color y desplazamiento en el eje vertical deseado. Si el trazo elegido no es un trazo sólido se puede definir también un color para el hueco que este deja. La casilla Sobreimprimir conviene marcarla si no se desea que queden huecos en blanco entre el trazo y el hueco, o el fondo de la página cuando estos tienen distinto color.

Figura 4.18. Subrayado

El botón Tachado traza una línea horizontal en la zona media del texto seleccionado. Para personalizar las opciones de tachado se debe seleccionar Opciones de tachado en el menú del panel Control o del panel Carácter (Ventana > Texto y tablas > Carácter), o bien pulsando Alt mientras se clica en el botón Tachado. Emergerá un cuadro de diálogo en el que se pueden seleccionar el grosor, trazo el color y desplazamiento en el eje vertical deseado. Si el trazo elegido no es un trazo sólido se puede definir también un color para el hueco que éste deja. La casilla Sobreimprimir conviene marcarla si no se desea que queden huecos en blanco entre el trazo y el hueco, o el fondo de la página cuando estos tienen distinto color.

Como se habrá observado, las opciones de tachado y subrayado son semejantes, la diferencia entre ambas opciones estriba en que el subrayado se coloca por detrás del texto en cuestión y el tachado por delante.

Figura 4.19. Tachado

También, se pueden encontrar campos para variar el espacio entre las letras individuales, el Kerning, y el Tracking, la separación de todas las letras de un texto de forma uniforme.

Se puede, además, modificar la escala vertical u horizontal de la fuente, hacerla un tanto por ciento más alta o ancha, desplazar en el eje vertical un texto seleccionado o sesgarlo.

El panel de Control de formato de carácter ofrece la oportunidad de cambiar el color de trazo y relleno del texto seleccionado, así como de asignar un estilo de carácter diferente (página 115) y cambiar el idioma de este, lo que es de gran importancia a la hora de que el programa cree las particiones de las palabras de forma adecuada.

4.7.1 Copiar el formato de texto

Para reproducir el formato de un texto en otro texto de forma rápida se puede recurrir bien a los estilos (página 114), o bien a la herramienta cuentagotas, situada en la Barra de herramientas (página 23).

Figura 4.20. Herramienta cuentagotas

Con esta herramienta activa, se selecciona el texto cuyos atributos se desean reproducir, se puede observar que el cursor cambia, el cuentagotas aparece lleno y muestra una pequeña T mayúscula a su lado, esto quiere decir que la herramienta ha copiado los atributos del texto. Para volcarlos en otro texto se debe clicar en el principio de este y arrastrar el cursor hasta donde se desee aplicar el formato copiado. Para llenar el cursor con otros atributos diferentes se repite la operación, esta vez manteniendo la tecla Alt pulsada mientras se recoge en la herramienta el nuevo formato.

Por defecto, el cuentagotas copia todos los atributos del texto que se seleccione, si se desean escoger los atributos que se copian y cuáles no lo hacen, se puede acceder a las Opciones del cuentagotas haciendo doble clic en su icono en la barra de herramientas.

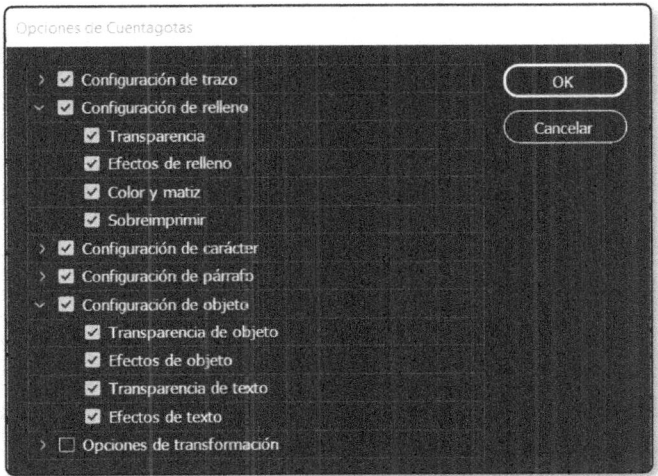

Figura 4.21. Opciones de cuentagotas

4.8 FORMATO DE PÁRRAFO

Para visualizar las opciones de formato de párrafo se debe recurrir al panel de control, Ventana > Control, y tener la herramienta texto seleccionada. A la izquierda del panel, debe estar seleccionado el botón Controles de formato de párrafo.

Figura 4.22. Panel de Control, formato de párrafo

En este panel se podrá cambiar la disposición del texto dentro del marco, alineándolo a derecha o izquierda, centrándolo, justificándolo, o alineándolo a favor o en contra del lomo.

También, se puede ajustar la medida de la sangría, tanto desde la derecha como desde la izquierda de todo el párrafo, o sólo de la primera o última línea de este.

El panel Control de formato de párrafo posibilita, además, modificar el espacio que precede o sigue al párrafo seleccionado, y el espacio que separa párrafos que comparten el mismo estilo.

Otra opción que ofrece este panel es la de incluir letras capitulares, es decir aquellas que aparecen al comienzo del párrafo y tienen un tamaño mayor que el resto del texto. Se puede ajustar el tamaño de la letra capital, medido en líneas de texto que ocupa, y la cantidad de caracteres que se convertirán en capitulares.

Se pueden insertar viñetas y listas numeradas (página 131), o incluir un sombreado en el párrafo del color que se asigne (sombreado de caracteres seleccionados, no de párrafo, en opciones de subrayado, página 112), así como enmarcar el párrafo con un borde del color que se determine.

Por último, también se ofrece en este panel la posibilidad de cambiar el estilo de párrafo (página 116) y de decidir si se parten las palabras al final de las líneas de texto o no, marcando o desmarcando la casilla Separar.

4.9 ESTILOS

Los estilos son combinaciones de atributos que se pueden almacenar para aplicarlos más tarde con eficacia en la maquetación de un documento. Su configuración se guarda con el documento así que siempre están disponibles cuando este está abierto.

Con respecto al texto se pueden crear estilos de carácter y estilos de párrafo.

4.9.1 Creación de estilos

Crear estilos personalizados es muy útil para automatizar tareas y evitar errores accidentales.

▼ Estilos de Carácter

Los estilos de carácter pueden almacenar propiedades como fuente, tamaño o color aunque no incluyen todos los atributos de formato del texto seleccionado. Por defecto InDesign se inicia con un estilo predefinido llamado [Ninguno], que no se puede editar ni eliminar. Para crear un estilo de carácter nuevo se puede seleccionar la opción Nuevo estilo de carácter que se muestra en el menú del panel Estilos de carácter o en el icono correspondiente de la barra inferior de este panel.

En la pestaña General se puede asignar un nombre al nuevo estilo, que por defecto será Estilo de carácter y el número correlativo que corresponda. Se pueden crear estilos nuevos basados en otros ya creados, como se ha visto anteriormente con las páginas principales, al modificar el estilo original cambiarán los parámetros modificados en el estilo creado a raíz de él. Se puede también establecer un atajo de teclado para aplicar el estilo con mayor celeridad. Para aplicarlo bastará con seleccionar el texto y teclear el atajo de teclado determinado.

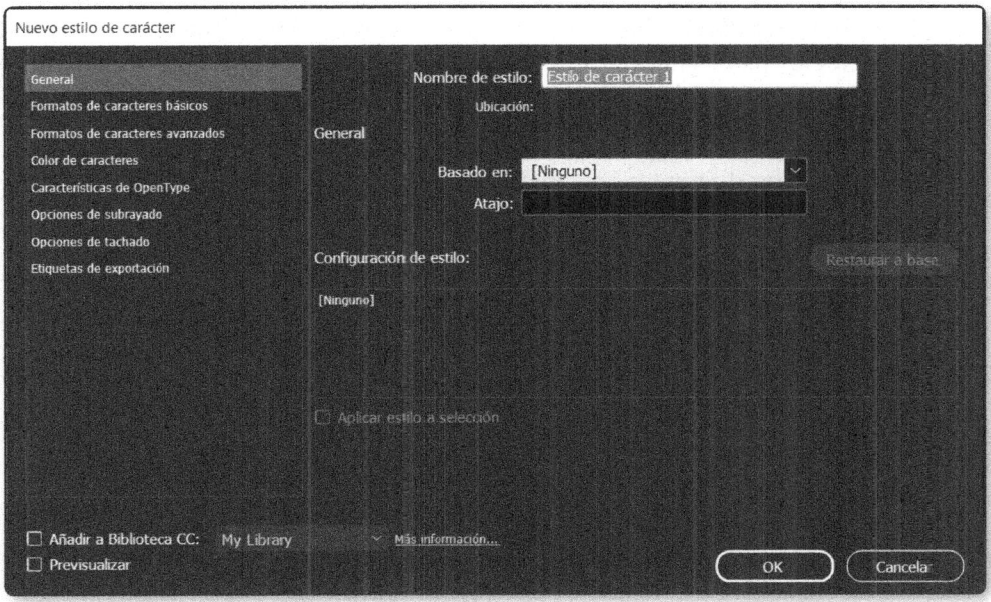

Figura 4.23. Nuevo estilo de carácter, pestaña General

En la pestaña Formatos de caracteres básicos se puede designar la familia de fuentes y el estilo del texto, así como su tamaño y diferentes opciones de espaciado de caracteres. También, se pueden asignar al texto opciones de subrayado, tachado o ligaduras para las fuentes que permitan esta opción.

La pestaña Formatos de caracteres avanzados permite modificar el escalado de la fuente, tanto de forma horizontal como vertical, el desplazamiento del texto en vertical con respecto a su eje base, los grados de sesgo y el idioma en que está escrito el texto al que se aplica el nuevo estilo.

La pestaña color posibilita definir un color de relleno y de trazo para el texto elegido de entre las muestras de color del documento así como matizar este color. En el caso de los trazos, se puede asignar un grosor a estos, establecer cómo se alinean y designar el tipo de ángulo y la longitud máxima con respecto a la anchura del trazo que ocupará el ángulo, límite en ángulo.

Características de OpenType: OpenType es un formato de tipografía que cuenta con una serie de opciones avanzadas entre las que se encuentran un gran número de glifos que hacen de estas fuentes una opción muy versátil ya que pueden incluir unas múltiples variaciones de caracteres como ligaduras, versalitas, números antiguos u ornamentos. Si la fuente elegida para el nuevo estilo de carácter que se está creando es OpenType, en esta pestaña se podrán ajustar sus características.

En las pestañas Opciones de subrayado y Opciones de tachado se pueden encontrar diferentes opciones de ajuste (página 112).

La pestaña Etiquetas de exportación sirve para definir cómo se marca este estilo de carácter en los archivos exportados a HTML, EPUB o PDF etiquetado y especificar los nombres de clase de CSS para añadirlos al contenido exportado.

▼ Estilos de Párrafo

Los estilos de párrafo pueden almacenar propiedades tales como alineación, sangrías o espaciados, entre otras, además de atributos de carácter. Por defecto InDesign se inicia con un estilo predefinido llamado [Párrafo básico], que se puede editar aunque no eliminar ni cambiar de nombre. Para crear un estilo de párrafo nuevo se puede seleccionar la opción Nuevo estilo de párrafo que se muestra en el menú del panel Estilos de párrafo o en el icono correspondiente de la barra inferior de este panel.

En la pestaña General se puede asignar un nombre al nuevo estilo, que por defecto será Estilo de párrafo y el número correlativo que corresponda. Se pueden crear estilos nuevos basados en otros ya creados y se puede también establecer un atajo de teclado para aplicar el estilo con mayor celeridad, para aplicarlo bastará con seleccionar el texto y teclear el atajo de teclado determinado. El desplegable Estilo siguiente permite seleccionar el estilo de párrafo que se aplicará en el párrafo siguiente, esta función es muy útil cuando se maqueta, por ejemplo, un texto al que a todos los títulos les siguen un subtítulo, se establece un estilo de párrafo para cada uno y se asigna en el estilo del título el del subtítulo como estilo siguiente, al teclear ENTER se aplica automáticamente el estilo subtítulo.

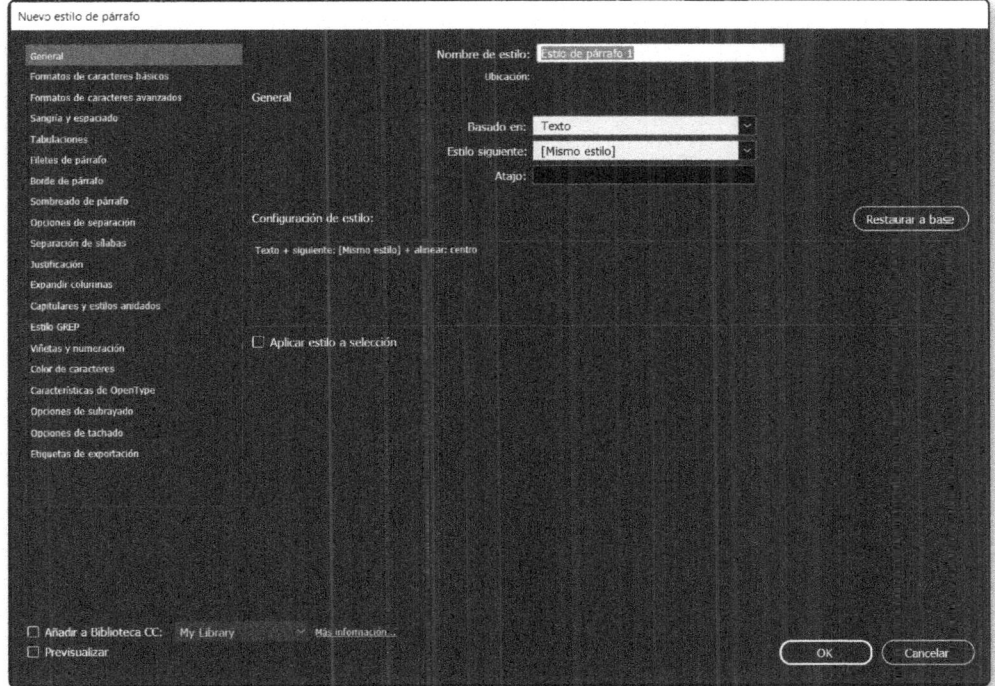

Figura 4.24. Nuevo estilo de párrafo, pestaña General

La pestaña Sangría y espaciado muestra una opción especialmente útil a la hora de equilibrar títulos de varias líneas o párrafos en los que el texto quede distribuido de forma muy desequilibrada, Equilibrar líneas irregulares. La casilla Ignorar margen óptico activa o desactiva la colocación del texto del párrafo respetando escrupulosamente los márgenes de la caja de texto. Esta pestaña también posibilita editar los parámetros de sangría y espaciado del texto más comunes y alinear el párrafo respecto a la cuadrícula del documento.

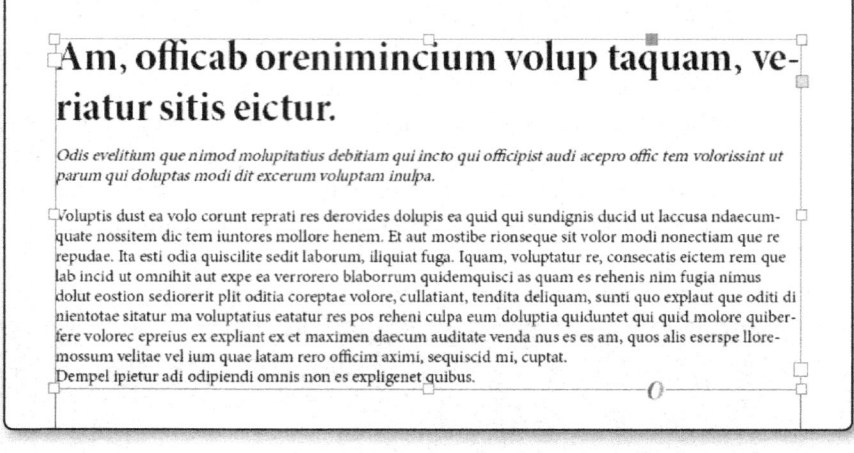

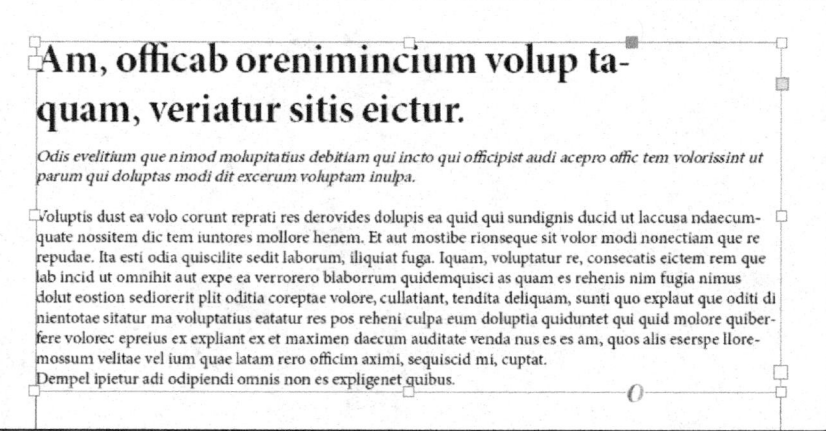

Figura 4.25. Equilibrar líneas irregulares

Los filetes de párrafo son líneas superiores y/o inferiores que enmarcan el párrafo. Desde la pestaña homónima se pueden ajustar las propiedades de los filetes así como activar su visualización o desactivarla.

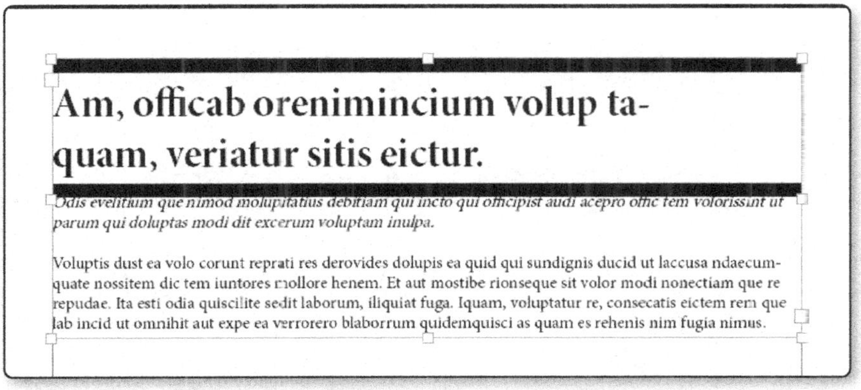

Figura 4.26. Párrafo de título con filete aplicado

El nuevo estilo también puede enmarcar el párrafo con un borde cuyos vértices y grosor de trazo pueden ser variables en cada uno de sus lados.

También, se puede crear una caja de sombreado de fondo del párrafo del color y vértices que se determinen.

La pestaña Opciones de separación permite controlar los parámetros de separación de las líneas del párrafo, muy útil, por ejemplo, para asegurar que en una maquetación no queden líneas de principio o final de párrafo huérfanas en una página.

La pestaña Separación de sílabas permite ajustar las opciones de partición de las palabras en un párrafo, determinando el número de caracteres mínimo que debe tener una palabra para que se separe al final de la línea, el número de caracteres mínimo que han de quedar en una u otra línea de texto al partir la palabra, el número máximo de palabras separadas en líneas consecutivas (límite de separación) y la cantidad máxima de espacio en blanco que puede quedar en una línea. Permite también ajustar el equilibrio entre un espaciado óptimo, recurriendo al número de particiones que sea necesario, o reducir el número de estas lo máximo posible. Las casillas inferiores controlan la permisión o no de separar palabras en mayúscula, de partir la última palabra de un párrafo, y la posibilidad de separar la última palabra de una columna en un párrafo que se vuelca en otra columna enlazada.

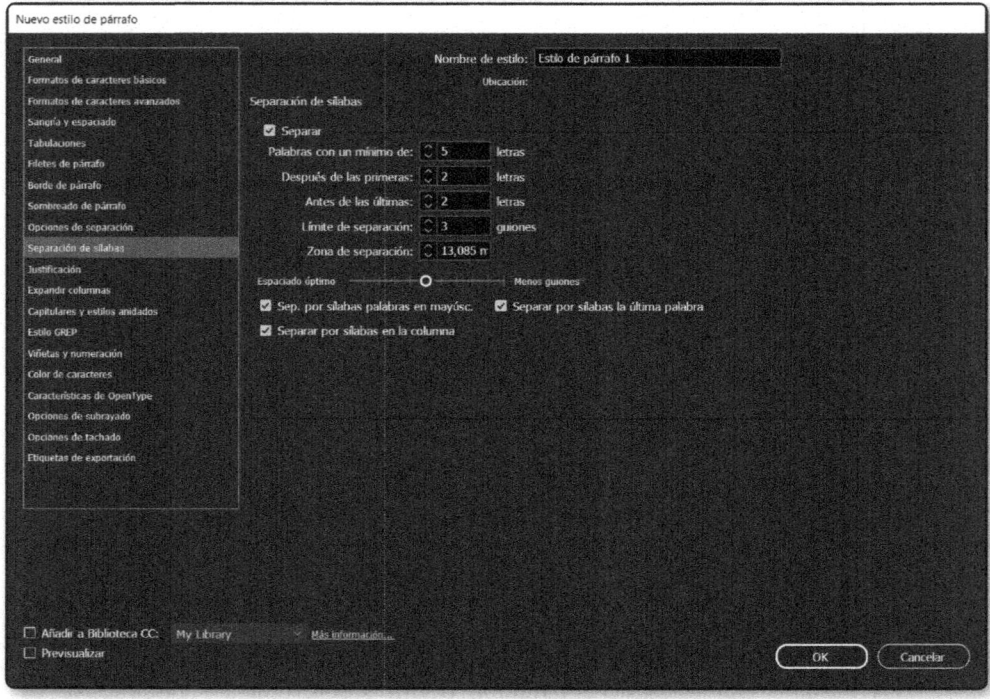

Figura 4.27. Separación de sílabas

En la pestaña Expandir columnas se puede ajustar la maquetación de un párrafo respecto a su distribución en columnas. Si se desea que el párrafo al que se aplique el nuevo estilo se divida en un número determinado de columnas, se debe seleccionar en la lista desplegable la opción Dividir columna. Se mostrarán entonces distintos campos para ajustar el número de columnas y los espacios en los que se enmarcarán, tanto superior, como inferior como los medianiles.

Am, officab oreniminicium voluptaquam, veriatur sitis eicturoluptia quiduntet qui quid molore quiberfere. Odis evelitium que nimod molupitatius debitiam qui incto qui officipist audi acepro offic tem volorissint ut parum qui doluptas modi dit excerum voluptam inulpa. Voluptis dust ea volo corunt reprati res derovides dolupis ea quid qui sundignis ducid ut laccusa ndaecumquate nossitem dic tem iuntores mollore henem. Et aut mostibe rionseque sit volor modi nonectiam que re repudae. Ita esti odia quiscilite sedit laborum, iliquiat fuga. Iquam, voluptatur re, consecatis eictem rem que lab incid ut omnihit aut expe ea verrorero blaborrum quidemquisci as quam es rehenis nim fugia nimus dolut eostion sediorerit plit oditia coreptae volore, cullatiant, tendita deliquam, sunti quo explaut que oditi di nientotae sitatur ma voluptatius eatatur res pos reheni culpa eum doluptia quiduntet qui quid molore quiberfere volorec epreius ex expliant ex et maximen daecum auditate venda nus es es am, quos alis eserspe lloremossum velitae vel ium quae latam rero officim aximi, sequiscid mi, cuptat. Dempel ipietur adi odipiendi omnis non es expligenet quibus.

Figura 4.28. Párrafo dividido en columnas

Cuando en un texto con párrafos divididos en columnas se desea que uno o varios de los párrafos se expanda a lo largo de todas o parte de esas columnas, se recurrirá a la opción Expandir columnas dentro de la lista desplegable.

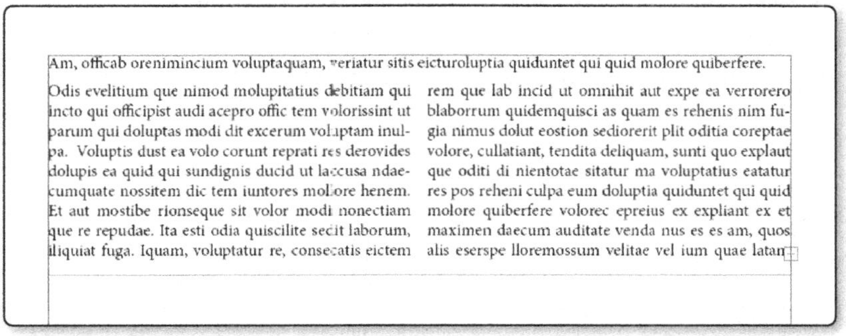

Figura 4.29. Párrafo con el texto expandido a dos columnas y espaciado después de expandir.

En la pestaña Capitulares y estilos anidados se pueden definir los parámetros con los que se mostrarán las capitulares de los párrafos a los que se les aplique el estilo que se está creando. Con la opción Estilos anidados se pueden variar los estilos de carácter que se emplean en un párrafo, estos se pueden aplicar bien a un número determinado de caracteres o bien a un número determinado de líneas del párrafo.

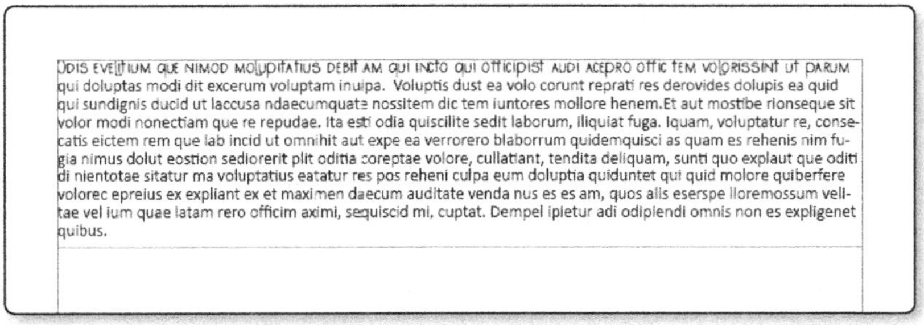

Figura 4.30. Párrafo con estilo anidado de línea aplicado

Estilo GREP: GREP es una técnica de búsqueda avanzada basada en patrones, los estilos GREP permiten aplicar un estilo de carácter al texto que se ajuste a la expresión GREP que se especifique.

4.9.2 Importación de estilos

Se pueden importar estilos de carácter o párrafo si se despliega el menú del panel correspondiente y se elige la opción Cargar estilos de carácter o Cargar estilos de párrafo respectivamente. Se abrirá la ventana Abrir un archivo, donde se debe seleccionar aquel desde el cual se desea importar los estilos. Se mostrará el cuadro de diálogo Cargar estilos, donde figura la lista de todos los estilos existentes en el archivo elegido.

4.9.3 Grupos de estilos

Los estilos, tanto de carácter como de párrafo se pueden organizar mediante la creación de grupos, para así facilitar su identificación. Para crear un grupo de estilos se debe recurrir al menú del panel Estilos de carácter o Estilos de párrafo y seleccionar Nuevo grupo de estilos, o bien hacer clic en el icono con forma de carpeta que se encuentra en la barra inferior de sendos paneles. Para incluir estilos dentro del grupo se seleccionarán en el listado que se muestra en el panel de Estilos correspondiente y se arrastrarán hacia la carpeta creada. Mediante la flecha situada a la izquierda del icono del grupo creado se puede expandir o contraer el contenido de este. Para eliminar un grupo basta con seleccionarlo y clicar en el icono con forma de cubo de basura de la barra inferior del panel de Estilos o bien a través del menú de este, seleccionando Eliminar grupo de estilos. Al realizar esta acción se borrarán también los estilos contenidos en el grupo.

4.9.4 Aplicación de estilos

Para aplicar un estilo a un texto se debe seleccionar este y asignar el estilo elegido mediante el panel de Estilos de carácter o párrafo respectivamente. Para aplicar un estilo a un párrafo no es necesario seleccionarlo completamente, se aplica el estilo de párrafo a todo el párrafo que contiene la selección. Para aplicar un estilo de carácter es necesario seleccionar todos los caracteres donde se desea emplear.

4.9.5 Modificación de estilos

Cuando se modifica el formato de un estilo, todo el texto al que se ha aplicado dicho estilo se actualiza con el nuevo formato. Para modificar un estilo, bien sea de carácter o bien de párrafo, se debe hacer doble clic sobre él o recurrir al menú del panel de Estilos correspondiente y seleccionar Opciones de estilo, se abrirá entonces el mismo cuadro de diálogo que se describió anteriormente en Creación de estilos, página 114.

Ejercicio práctico "1.8.4 Crear estilos de párrafo" en la página 150.

4.10 VARIABLES

Las variables de texto son elementos que agregan automáticamente información del documento y varían según el contexto. Para insertar una variable de texto se ha de crear previamente un marco de texto y seleccionar la variable deseada en el menú Texto > Variables de texto > Insertar variable. Si la variable se inserta en una página principal, esta se mostrará en todas las páginas en las que esté aplicada la página principal en cuestión.

4.10.1 Encabezado

El encabezado es un texto que se sitúa en la parte superior del diseño y suele indicar el autor, capítulo o nombre de la obra que se está maquetando. Resulta interesante colocar esta variable en las páginas principales ya que así se asegura su uniformidad a lo largo de todo el documento.

Para insertar una variable de texto de encabezado se ha de haber creado previamente un estilo de carácter o párrafo que se aplique al texto que se va a reproducir mediante esta función. Por ejemplo, si se desea que en el encabezado aparezca el nombre del capítulo al que pertenezcan cada una de las páginas, se debe crear un estilo de carácter o párrafo y aplicarse al nombre del capítulo en la redacción del texto. A través del menú Texto > Variables de texto > Definir > Encabezado se seleccionará el tipo de estilo que se ha aplicado, de carácter o de párrafo, y el nombre que se le haya otorgado a ese estilo. Se definirá también dónde debe situarse el encabezado, si al comienzo o al final de la página y si se desea incluir un texto antes o después del, en este caso, nombre del capítulo.

En la página principal que se vaya a aplicar al documento, se creará un marco de texto y se insertará la variable. De este modo, el encabezado se hará visible en todas las páginas donde se use la página maestra en cuestión y mostrará el encabezado, variando este según corresponda.

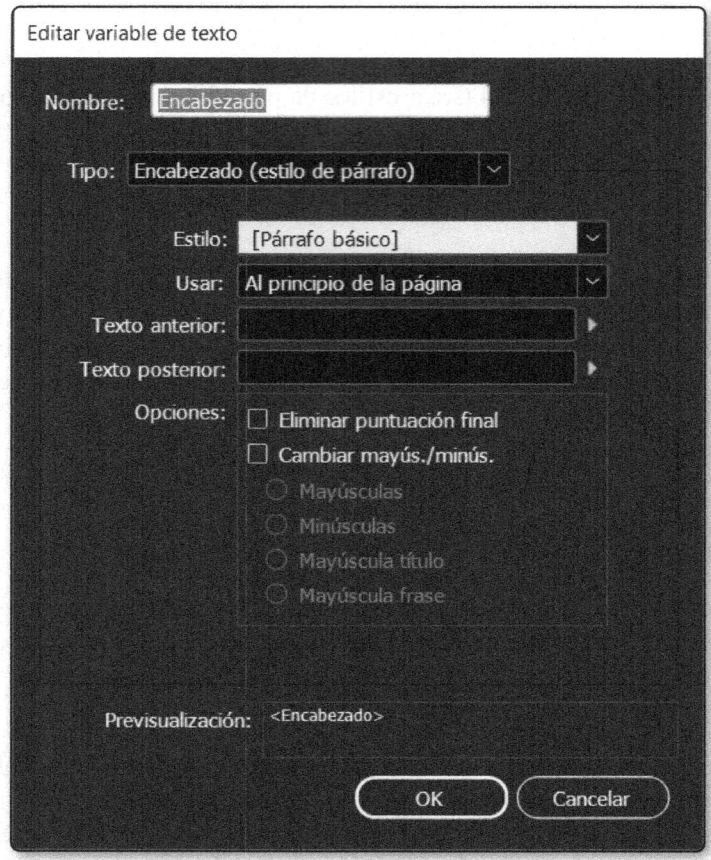

Figura 4.31. Editar variable de encabezado.

4.10.2 Fecha de creación, fecha de modificación y fecha de salida

Esta variable inserta la fecha u hora en que se guardó el documento por primera vez, en que se guardó por última vez en el disco y en que se inició la impresión, se exportó a PDF o se empaquetó el documento. Se puede insertar texto antes y después de la fecha y se puede modificar el formato de fecha para todas estas variables, para esto se debe recurrir al menú Texto > Variables de texto > Definir.

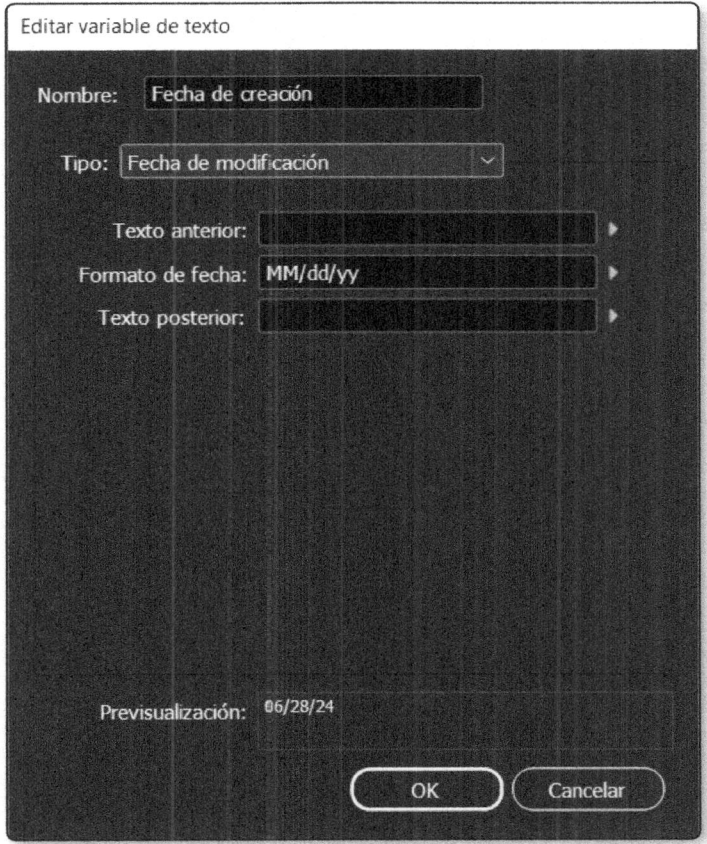

Figura 4.32. Editar variable de fecha

Ejercicio práctico "1.8.5 Insertar variable de fecha" en la página 154.

4.10.3 Nombre de archivo

Esta variable inserta el nombre del archivo actual, se actualiza cada vez que guarda el archivo con un nuevo nombre o en una nueva ubicación y se suele agregar al área de indicaciones de impresión del documento, al encabezado o al pie de página. Se pueden editar esta variable para que muestre un texto determinado antes o después de incluirla, para que muestre la ruta completa donde se encuentra el archivo o la extensión de este.

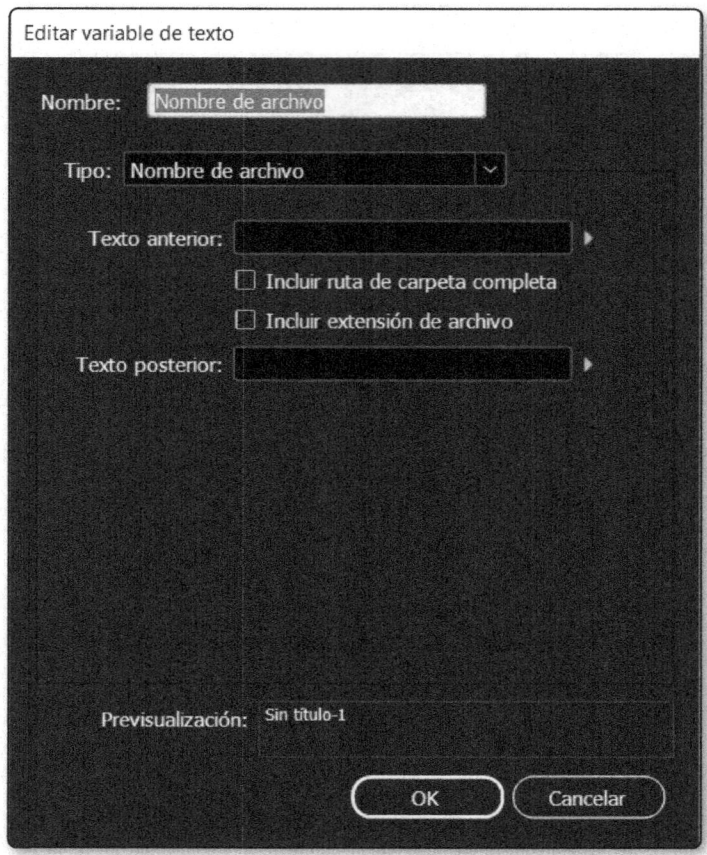

Figura 4.33. Editar variable de nombre de archivo.

4.10.4 Nombre de imagen

Esta variable es útil para generar subtítulos automáticos a partir de metadatos. Muestra los metadatos de una imagen adyacente o agrupada al marco de texto que contiene la variable. En el menú Texto > Variables de texto > Definir > Nombre de imagen, se puede seleccionar, entre otros atributos, el campo de metadatos que mostrará la variable.

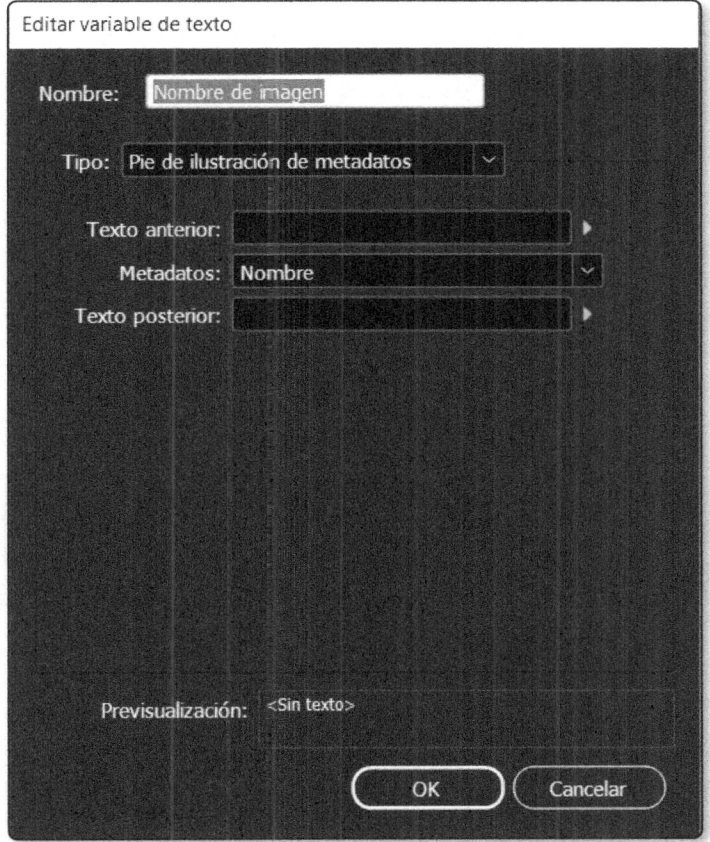

Figura 4.34. Editar variable de nombre de imagen

4.10.5 Número de capítulo

Muestra el número de capítulo actual en el que se enmarca la página. Se puede insertar texto antes o después de esta variable y puede ser especificar un estilo de numeración.

4.10.6 Número de la última página

Muestra el número de página de la última página del documento o la sección, si se agregan o eliminan páginas, la variable se actualizará en consecuencia. Es útil para agregar el número total de páginas de un documento al encabezados o pie de página (por ejemplo, "Página 3 de 12").

4.11 TABULACIONES

Para alinear textos en determinadas posiciones horizontales dentro del marco de texto se puede acudir a las tabulaciones. Por defecto estas posiciones están marcadas cada 12,7 mm.

Para editar los espacios de tabulación se ha de recurrir al menú Texto > Tabulaciones, esto mostrará una regla con distintos campos y botones, la configuración de predeterminada de esta regla dependerá de las unidades de la configuración de la Regla horizontal en el cuadro de diálogo que se muestra en el menú Preferencias > Unidades e incrementos.

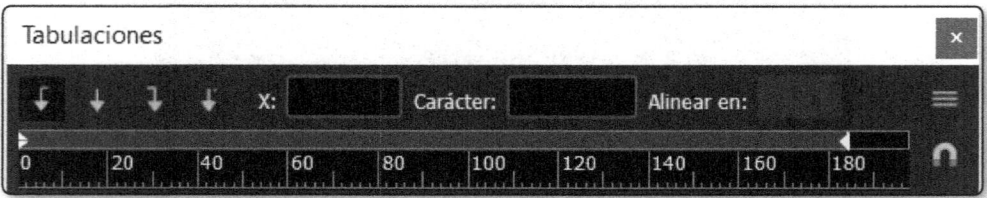

Figura 4.35. Tabulaciones

Las tabulaciones se aplican a párrafos determinados, por tanto se debe tener la herramienta texto escogida y el cursor en el párrafo al que se desea aplicar la tabulación, o los párrafos seleccionados en caso de ser varios. Para alinear la regla de tabulaciones con el marco de texto donde se van a mostrar estas se puede pulsar el botón Situar el panel sobre marco de texto.

Figura 4.36. Situar el panel sobre marco de texto

Se pueden definir tabulaciones a la izquierda, en el centro o a la derecha, así como tabulaciones de caracteres decimales o especiales, en este último caso se puede definir una tabulación para alinear el texto con cualquier carácter elegido.

El campo X permite insertar un marcador de tabulación en un punto determinado.

En el menú situado en la esquina superior izquierda de la ventana de Tabulaciones, se puede seleccionar Repetir tabulación para crear un patrón de marcadores de tabulación regular.

Ejercicio práctico "1.8.8 Crear lista con tabulaciones" en la página 160.

4.12 GLIFOS

Desde el menú Texto > Glifos se puede acceder a una ventana de gran utilidad para insertar glifos en el texto. Con el cursor situado en el lugar donde se desea incluir el símbolo se hace clic sobre él y se inserta en el lugar escogido. La ventana Glifos muestra en la parte superior un listado de los últimos símbolos utilizados y una barra de buscador para facilitar la localización del pictograma que se desea escoger. Muestra también una serie de listas desplegables para elegir la fuente tipográfica que expondrá los símbolos disponibles en un listado tabulado.

Figura 4.37. Glifos

4.13 INSERTAR ESPACIOS Y CARACTERES ESPECIALES Y DE SALTO

4.13.1 Insertar carácter especial

▶ Símbolos: con esta opción se puede insertar en el punto elegido del texto una Viñeta, un símbolo de Copyright, unos puntos suspensivos, un símbolo señalizador de párrafo, un símbolo de marca registrada, de sección o de marca comercial.

▶ Marcadores: esta función es muy útil a la hora de maquetar un documento, permite insertar en el lugar donde se determine el número de página actual, el número de páginas siguiente, el número de página anterior, o un marcador de sección.

▶ Guiones y rayas: esta opción permite incluir en el texto guiones de diferentes características: largo corto discrecional o de no separación.

▶ Comillas: permite ingresar varios tipos de Comillas según sean requeridas por el texto: comillas de apertura, de cierre, una única comilla de apertura, una única comilla de cierre, comillas rectas, o una única comilla recta a modo de apóstrofo.

▶ Otro: para insertar diferentes tabulaciones o señalizar el punto de fin de un estilo anidado.

Ejercicio práctico "1.8.6 Insertar números de página en un documento" en la página 157.

4.13.2 Insertar espacio en blanco

▶ Espacio largo.
▶ Espacio corto.
▶ Espacio de no separación.
▶ Espacio de no separación (ancho fijo).
▶ Espacio ultrafino.
▶ Sexto de espacio.
▶ Espacio fino.
▶ Cuarto de espacio.
▶ Tercio de espacio.
▶ Espacio de puntuación.
▶ Espacio para cifra.
▶ Espacio de alineación.

4.13.3 Insertar carácter de salto

Ofrece distintas opciones para forzar al texto a continuar en otro lugar ingresando un salto bien de columna, de marco, de página o de párrafo.

- ▶ Salto de columna.
- ▶ Salto de marco.
- ▶ Salto de página.
- ▶ Salto de página impar.
- ▶ Salto de página par.
- ▶ Salto de párrafo.
- ▶ Salto de línea forzado.
- ▶ Salto de línea opcional.

4.14 VIÑETAS Y LISTAS NUMERADAS

InDesign ofrece la posibilidad de crear listas de forma bastante sencilla. Los párrafos de estas listas pueden estar numerados o bien señalizados con viñetas.

Para crear una lista primero se han de redactar los párrafos que la compondrán, una vez hecho esto se seleccionan los párrafos. En este punto existen varias alternativas para crear la lista:

A través del menú Texto > Listas numeradas y con viñetas, seleccionando si se desea una lista con viñetas o numerada.

A través del panel de Control que se muestra en el menú ventana, con los controles de formato de párrafo activados, seleccionando el icono correspondiente alista con viñetas o lista numerada.

O bien en la parte inferior del panel Propiedades en el apartado viñetas y numeración.

Figura 4.38. Lista con viñetas

Figura 4.39. Lista numerada

Para cambiar el símbolo que por defecto se muestra al crear una lista con viñetas se puede recurrir al menú del panel de Control, eligiendo la opción viñeta sin numeración se abrirá un cuadro de diálogo en el que es posible elegir el símbolo que se muestra en la lista y la posición en la que lo hace. Este cuadro también se puede desplegar desde el panel Propiedades en el apartado viñetas y numeración haciendo clic en el botón opciones.

En el caso de las listas numeradas el símbolo que las precede es un carácter alfanumérico, no una cifra por imperativo. Se puede cambiar el formato y el estilo de carácter de la numeración a través del panel antes mencionado Viñetas y Numeración. Este panel también ofrece la posibilidad de definir cuál es el carácter de comienzo de la lista, si existe una lista numerada anterior puede continuarse de forma correlativa o bien empezar de nuevo la numeración.

Los caracteres alfanuméricos que señalizan una lista numerada no son, por defecto, editables con la herramienta de texto, para poder editarlos se ha de recurrir al menú Texto > Listas numeradas y con viñetas y seleccionar la opción convertir numeración en texto.

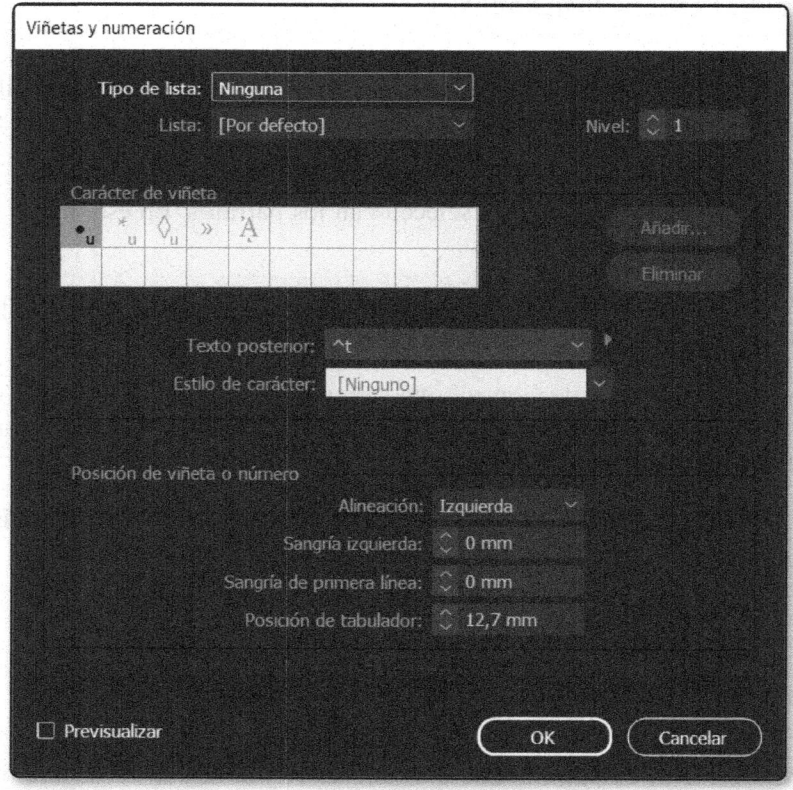

Figura 4.40. Viñetas y numeración

Ejercicio práctico "1.8.9 Crear y editar lista con viñetas" en la página 161.

4.15 CEÑIR TEXTO

Cuando se aplica un ajuste de texto a un objeto, InDesign crea un límite alrededor del objeto que repele el texto.

Se puede ajustar texto alrededor del contorno de cualquier objeto, incluidos marcos de texto, imágenes importadas y objetos que se dibujen en InDesign.

Para ejecutar esta operación se debe situar el objeto en una capa por encima del marco de texto y seleccionar las opciones de ajuste deseadas a través del menú Ventana > Ceñir texto. En este panel se pueden designar los distintos parámetros de ajuste del objeto y el texto. Por defecto los objetos no se ciñen al texto, es decir se ajustan al primer botón que muestra el panel. Se pueden ceñir los textos alrededor del cuadro de limitador de los objetos, alrededor de la forma de estos, saltando las líneas correspondientes al espacio que ocupan, o saltando el texto a la siguiente columna. Como **novedad en esta versión de Adobe InDesign 2024** la opción Ceñir alrededor de forma de objeto identifica un sujeto destacado de forma inteligente, posibilitando ceñir el texto alrededor de los contornos de un sujeto directamente en este programa sin tener que utilizar los canales alfa o recurrir a Photoshop.

La casilla Invertir invierte el espacio que esta herramienta crea alrededor del objeto para repeler el texto. Los iconos siguientes posibilitan definir el espacio que se crea entre el objeto y el texto. En la mitad inferior del panel se pueden encontrar las opciones definido que solamente se habilitarán en el caso de textos ceñidos alrededor del cuadro delimitador o de la forma del objeto.

Las opciones de ajuste de texto se aplican al objeto que se ajusta, no al texto en sí, cualquier cambio en el límite de ajuste permanecerá si se mueve el objeto de ajuste cerca de un marco de texto diferente.

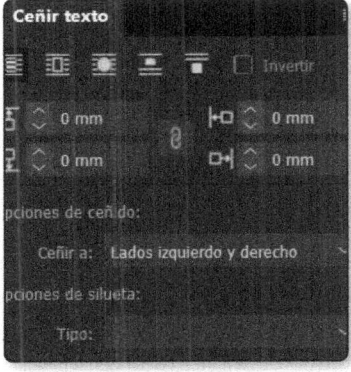

Figura 4.41. Panel Ceñir texto

Ejercicio práctico "1.8.7 Ceñir texto a objetos" en la página 158.

4.16 UTILIDADES

4.16.1 Buscar fuente

Mediante la función Buscar fuente disponible en el menú Texto, se pueden localizar fuentes tipográficas determinadas en el documento e incluso sustituirlas por otras, seleccionando en la zona inferior del cuadro de diálogo que se muestra la fuente y el estilo con el que se deben reemplazar.

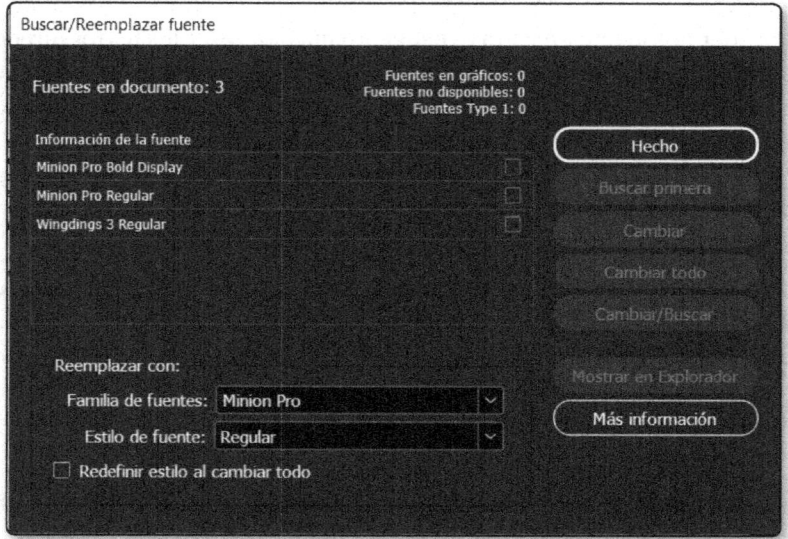

Figura 4.42. Buscar fuente

4.16.2 Corregir ortografía

Para facilitar la corrección ortotipográfica del texto InDesign ofrece la función Revisar ortografía.

En primer lugar se deben realizar los ajustes pertinentes de esta herramienta en el menú edición preferencias ortografía. Aquí, mediante la activación de la casilla Ortografía dinámica, se pueden incluso elegir los colores de subrayado con los que se mostrará cada ítem detectado según su tipología.

Para ejecutar esta función de corrección se debe acudir al menú Edición > Ortografía > Revisar ortografía, o a través del atajo de teclado Ctrl I. Aparecerá entonces un cuadro de diálogo que irá mostrando las palabras detectadas y distintas sugerencias para solventar los errores.

Figura 4.43. Revisar ortografía

Si se escoge en el menú Edición > Ortografía, la opción Revisión ortográfica dinámica, el programa no mostrará ninguna ventana, por el contrario realizará una revisión de todo el documento y subrayará con los colores que se hayan definido en las preferencias de ortografía aquellas palabras que considere susceptibles de corrección. Haciendo clic con el botón secundario del ratón sobre las palabras resaltadas se mostrará una lista de sugerencias para corregir el error detectado. Este tipo de corrección se ha de llevar a cabo de forma manual.

4.16.3 Control de cambios

Cuando varios colaboradores trabajan en un mismo documento esta opción es de gran utilidad para identificar y controlar los cambios realizados por cada una de las personas involucradas en el proceso de redacción y edición del texto.

Para activar o desactivar esta herramienta se recurrirá al menú Texto > Control de cambios > Control de cambios en artículo actual.

Los cambios realizados en el documento se podrán visualizar entonces en la ventana que se muestra gracias al menú Edición > Editar en editor de artículos.

4.17 NOTAS

Se pueden añadir notas de edición aún documento de InDesign que estarán a disposición de otros usuarios del flujo de trabajo, identificándose mediante distintos colores las notas realizadas por cada uno de los usuarios. El color asignado a cada usuario así como otra serie de opciones se pueden ajustar mediante el menú Edición > Preferencias > Notas.

Para mostrar el panel Notas se debe tener la herramienta Texto seleccionada y el cursor de inserción de texto activado dentro de un marco.

A través del menú Texto > Notas > Modo de notas, o con el atajo de teclado Ctrl F8, se puede visualizar el panel Notas.

Se puede insertar una nueva nota en el espacio habilitado para ello en la zona inferior del panel. Redactando aquí la nota, esta se aplicará en la parte del marco de texto donde se tenga el cursor en ese momento. Para volver a la redacción del texto basta con hacer clic de nuevo en el marco de texto. Los iconos de la parte inferior del panel Notas facilitan la navegación entre estas.

En la parte superior del panel se muestran el autor la fecha de creación y modificación y la localización de cada una de las notas.

Si se desea que el texto incluido en una nota forme parte del texto redactado en el documento, se debe seleccionar la opción Convertir a texto dentro del menú Texto > Notas. Para realizar la acción contraria y convertir un texto seleccionado en nota del documento se debe optar por Convertir a nota dentro del menú mencionado.

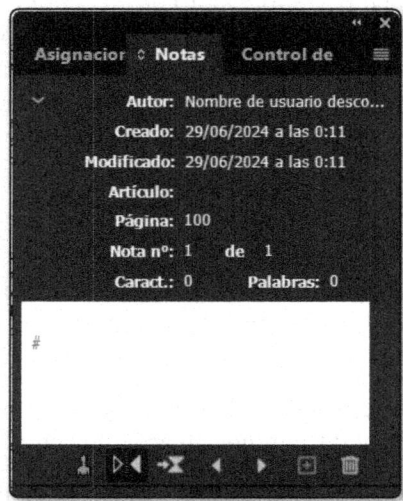

Figura 4.44. Notas

4.18 NOTAS A PIE DE PÁGINA

Las notas a pie de página son explicaciones, comentarios o aporte de referencias sobre el texto de un documento, que constan de dos partes vinculadas: el número de referencia de la nota a pie de página, que se incluye en el texto, inmediatamente detrás de la palabra o del grupo de palabras a las que se refiere; y la propia nota, que se sitúa en la parte inferior de la página.

Las normas de redacción dictan que las notas a pie de página deben ser lo más reducidas posible en cantidad y longitud e incluirse sólo y exclusivamente cuando faciliten la comprensión del texto o tengan un interés considerable.

No se pueden añadir notas a pie de página al texto de una nota de pie de página.

En InDesign las notas a pie de página pueden crearse en el documento o importarse desde Word o RTF. Para insertar una nota a pie de página directamente en el documento, con la herramienta Texto seleccionada, se sitúa el cursor en el punto del texto donde se mostrará el número de referencia de la nota y, a través del menú Texto > Insertar nota al pie de página, se crea la nota. Al seleccionar esta opción en el menú, se inserta automáticamente en el texto, donde estuviera colocado el cursor, el número de referencia de la nota que se va a crear, al comenzar a escribir se redacta de forma automática la nota en la zona inferior de la página destinada a albergar las notas a pie de página. La anchura de la nota a pie de página está limitada por la anchura de la columna que contiene el marcador de referencia de dicha nota. La altura de la caja de texto que alberga la nota se irá ampliando de forma automática mientras se escribe hasta llegar a la línea del texto que incluye el número de referencia de la nota. Al llegar a ese punto la nota se dividirá y continuará en la siguiente columna del marco de texto enlazado.

Las notas a pie de página se enumeran automáticamente cuando se añaden a un documento, la numeración comienza de nuevo en cada artículo y se puede controlar su estilo, apariencia y la maquetación de las notas a pie de página.

En el menú Texto > Opciones de nota al pie de página se pueden ajustar distintos parámetros. Se puede escoger el carácter alfanumérico que se muestra como referencia de la nota al pie de página, así como establecer cuál es el primero que se muestra y seleccionar si se desea reiniciar la numeración en cada página pliego o sección del documento. La numeración en los documentos de un libro no es correlativa, si se desea que lo sea se debe cambiar de forma manual el valor en el campo Comenzar en.

También, se puede asignar un estilo de carácter al marcador de referencia de la nota a pie de página y ajustar su posición, del mismo modo se puede definir el estilo de párrafo con el que se redactará la nota al pie de página.

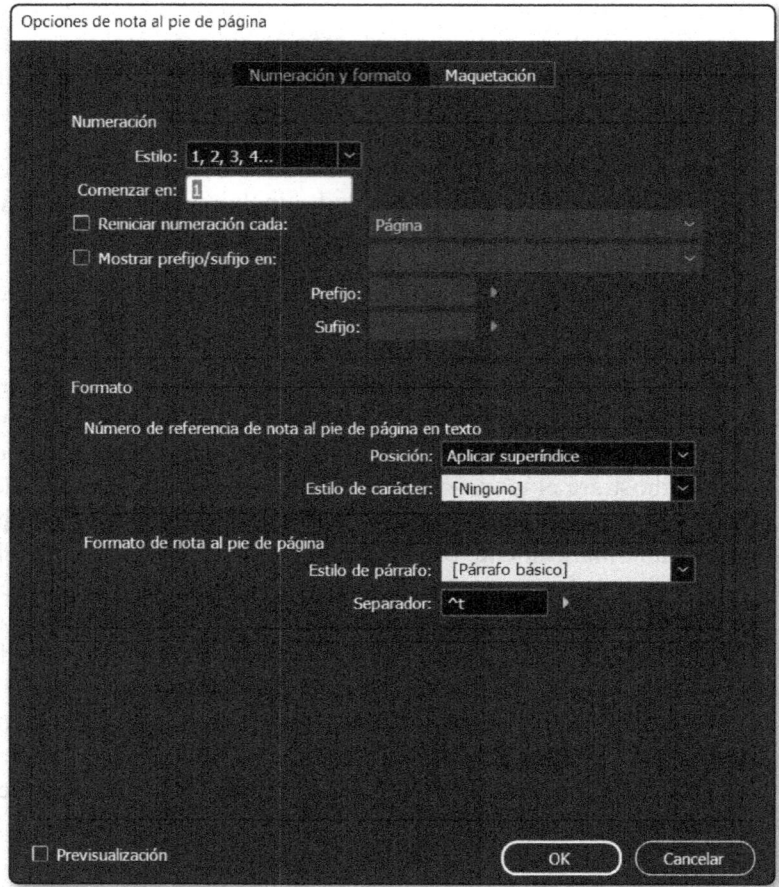

Figura 4.45. Opciones de nota al pie de página, Numeración y formato

En la pestaña Maquetación del cuadro de diálogo Opciones de nota a pie de página se puede seleccionar si se desea que todas las notas a pie de página del documento se distribuyan en todas las columnas, dentro de un marco de texto de varias columnas, marcando o desmarcando la casilla correspondiente. Se pueden modificar las opciones de espaciado, tanto el que precede a la primera nota de página como el que separa varias notas. Esta pestaña también permite ajustar las dimensiones el color y el tipo de trazo con el que se mostrará el filete superior que indica el comienzo de la zona de notas al pie de página. Marcando o desmarcando la casilla Filete activado se visualizará o no esta línea divisoria.

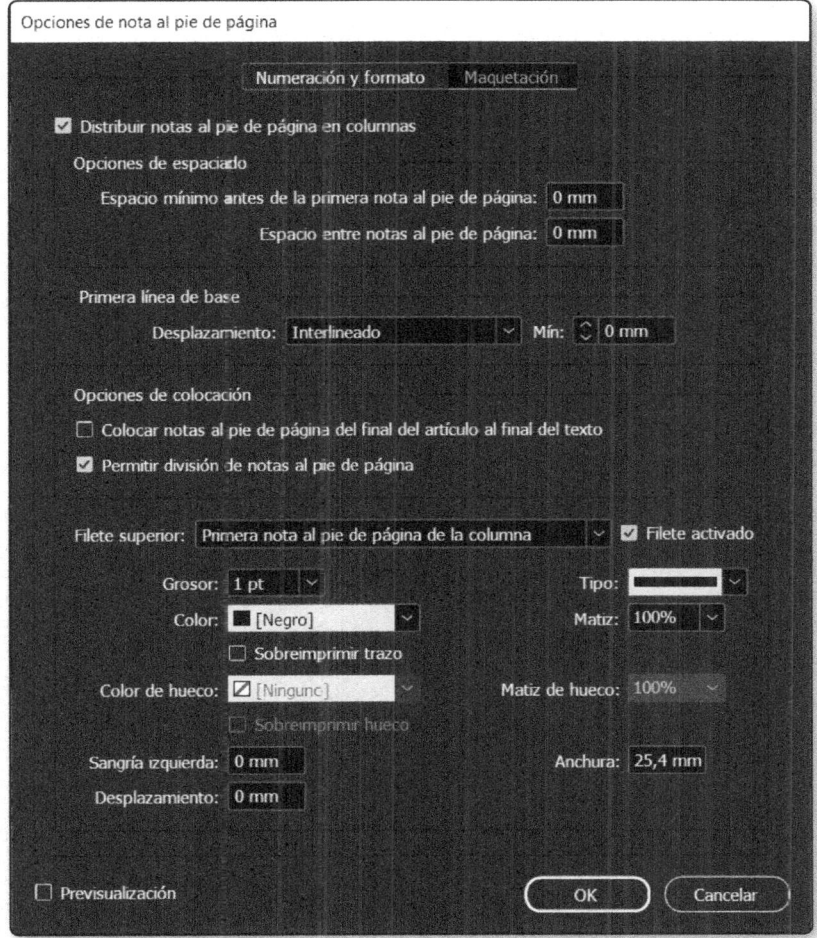

Figura 4.46. Opciones de nota al pie de página, Maquetación

Ejercicio práctico "1.8.10 Inserción y edición de una nota a pie de página" en la página 163.

4.19 HIPERVÍNCULOS Y REFERENCIAS CRUZADAS

Los hipervínculos permiten trasladarse de forma inmediata hacia otra página, otro lugar dentro de la misma página, una dirección web, un archivo o un correo electrónico. Los hipervínculos, por tanto, se componen de dos elementos, siendo estos el elemento de origen y el de destino.

Para crear un nuevo hipervínculo se ha de seleccionar en primer lugar el objeto de origen y posteriormente acceder al cuadro de diálogo Nuevo hipervínculo, que se muestra desde el menú Texto > Hipervínculos y referencias cruzadas > Nuevo hipervínculo.

En este cuadro de diálogo se podrá definir el destino del vínculo, ya sea este una URL, un archivo, un correo electrónico, una página, etc. Sólo puede establecerse un destino para un origen, aunque varios orígenes pueden apuntar a un mismo destino. Se podrá establecer también en este cuadro de diálogo el estilo con el que se muestra el hipervínculo, e introducir un texto alternativo en pos de su accesibilidad. En último lugar se podrá determinar el aspecto que el hipervínculo que se está creando tendrá al exportar el documento en un archivo PDF interactivo (página 59).

Figura 4.47. Nuevo hipervínculo

A través del menú Texto > Hipervínculos y referencias cruzadas > Convertir las URL en hipervínculos, se pueden buscar las direcciones web existentes en el documento y crear un hipervínculo.

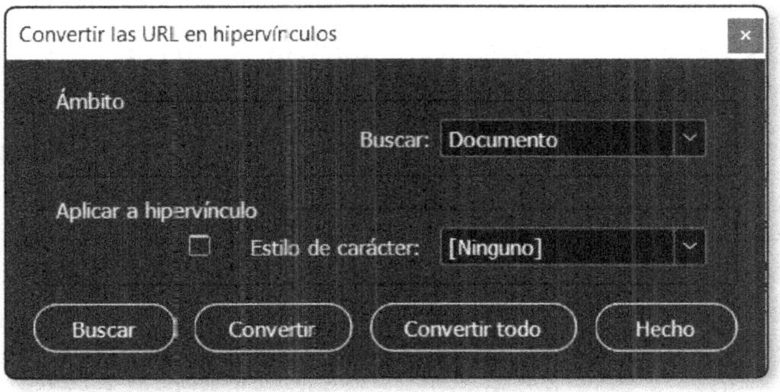

Figura 4.48. Convertir las URL en hipervínculo

Se pueden editar los hipervínculos desde el menú Texto > Hipervínculos y referencias cruzadas, aunque la forma más sutil de trabajar con hipervínculos es a través del menú Ventana > Interactivo > Hipervínculos, esta acción abrirá el panel Hipervínculos, que facilitará las opciones de edición. En este panel se muestra un listado de todos los hipervínculos existentes en el documento. A través del menú del panel situado en la esquina superior derecha se puede acceder a las funciones de editar eliminar u ordenar hipervínculos entre otras.

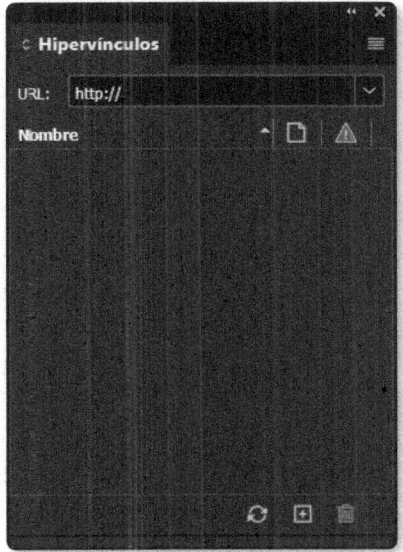

Figura 4.49. Panel hipervínculos

Las referencias cruzadas permiten vincular una parte del documento a otra a la que hace referencia a la primera.

Se pueden insertar y editar referencias cruzadas desde el menú Texto > Hipervínculos y referencias cruzadas. También, se puede desplegar el panel Referencias cruzadas desde el menú Ventana > Texto y tablas.

Para crear una nueva referencia cruzada se ha de seleccionar el texto que se desea vincular y elegir la opción Insertar referencia cruzada en cualquiera de los dos menús descritos. Esto abrirá un cuadro de diálogo llamado Nueva referencia cruzada, en él se podrá escoger el destino del vínculo y la forma en la que se muestra la referencia cruzada, bien sea insertando el párrafo completo o solo el número de página. Así mismo se podrá definir el aspecto que mostrará esta referencia cruzada al exportar el archivo a PDF interactivo y se podrá editar el texto alternativo para facilitar la accesibilidad del vínculo.

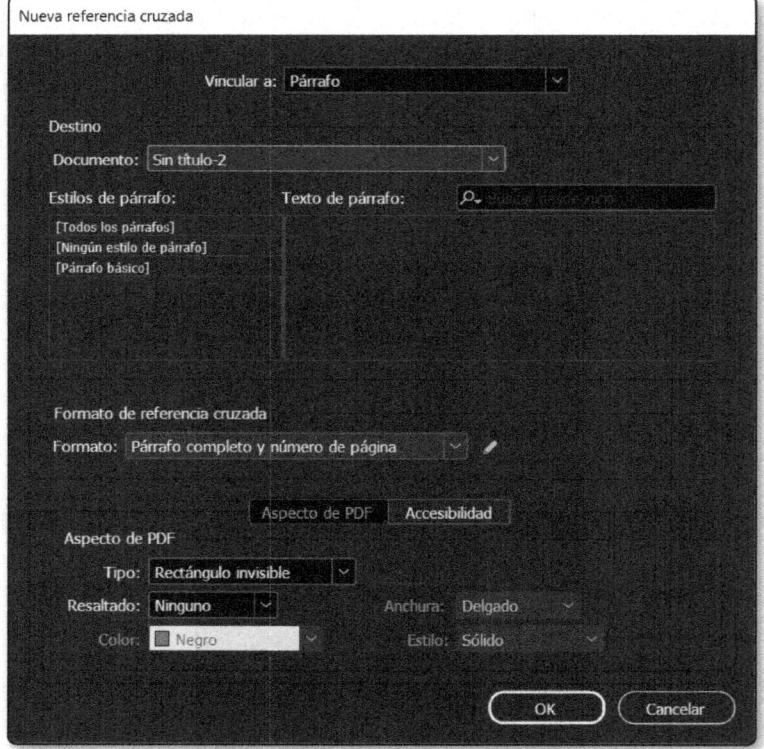

Figura 4.50. Nueva referencia cruzada

4.20 TABLA DE CONTENIDO

La tabla de contenido en InDesign lista los títulos del documento para mostrar los temas cubiertos. Puede incluir el contenido de un libro, una revista u otra publicación, una lista de ilustraciones, anunciantes o pies de foto u otros detalles para ayudar a los lectores a encontrar información en el documento.

Un documento de InDesign puede incluir varias tablas de contenido, por ejemplo una listando los títulos de los capítulos y otra las imágenes de la publicación.

Las tablas de contenido se basan en estilos de párrafo por lo tanto para crear una tabla de contenido se deberán definir previamente los estilos de párrafo para cada uno de los ítems que se quieran incluir.

Para crear una tabla de contenidos se recurrirá al menú Maquetación > Tabla de contenido, esto abrirá un cuadro de diálogo en el que se pueden definir diferentes opciones para ajustar la nueva tabla de contenido.

En el campo Título se podrá asignar un texto que aparecerá en la parte superior de la tabla de contenido a modo de título de esta.

En el apartado estilos de la tabla de contenido se podrán seleccionar los contenidos que se desean mostrar, señalándolos en el listado Otros estilos y haciendo clic en el botón añadir para que se muestren en el listado Incluir estilos de párrafo.

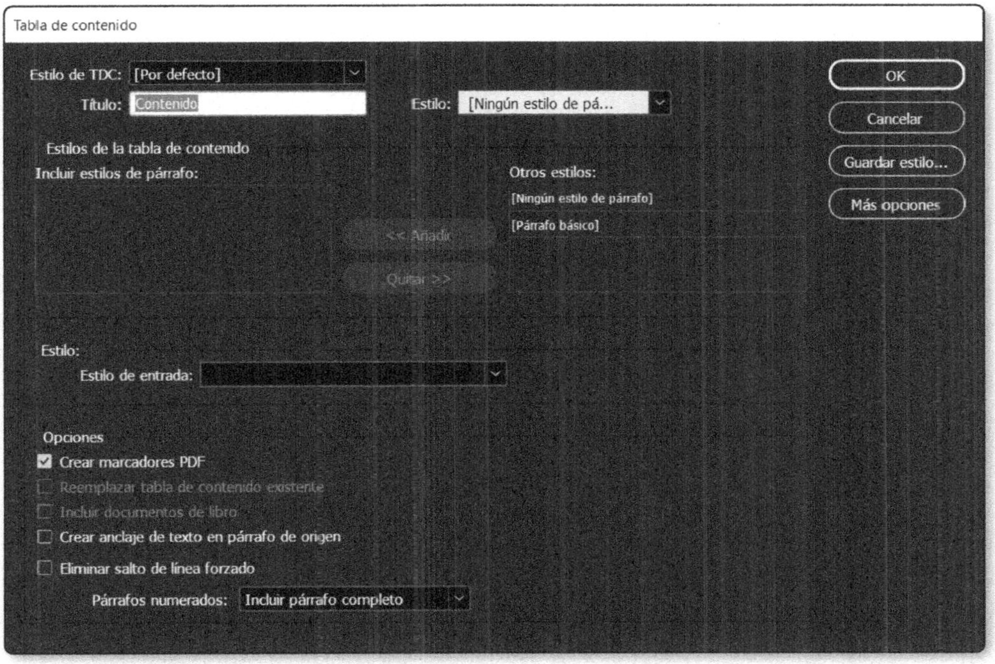

Figura 4.51. Tabla de contenido

Ejercicio práctico "1.8.11 Crear tabla de contenido (TDC)" en la página 165.

4.21 ÍNDICES

El índice enumera términos, palabras clave o conceptos del documento y sus páginas correspondientes.

A diferencia de las tablas de contenido solo se puede crear un índice por documento o libro.

Para crear un índice es importante crear previamente una lista de temas como punto de partida.

A través del menú Ventana > Texto y tablas > Índice, se abre el panel Índice y, seleccionando la casilla Tema se importan o crean los nuevos temas del documento.

Una vez creados los temas, se podrán incluir en cada uno las entradas de índice correspondientes, que se mostrarán en la lista ordenadas alfabéticamente. Estas entradas estarán asociadas a una página o una referencia cruzada determinada.

Para crear entradas de índice se seleccionará la casilla Referencia en el panel Índice. Con la herramienta Texto seleccionada se coloca el punto de inserción donde deba situarse el marcador de índice, o bien se selecciona el texto que se usará como base para crear la referencia de índice. En el menú del panel situado en la parte superior derecha de este se debe seleccionar la opción Nueva referencia de página, esto abrirá un cuadro de diálogo homónimo. En la columna niveles de tema se indicarán de forma jerárquica los ítems a los que hará referencia el índice. Por defecto los ítems pertenecientes a un mismo nivel se ordenarán de forma alfabética, si se desea cambiar este orden se puede hacer a través de la columna ordenar por, incluyendo en el campo correspondiente el texto que se desea tomar como referencia para ordenar el ítem en la lista.

4.22 MOSTRAR CARACTERES OCULTOS

Los caracteres ocultos son símbolos que ofrecen información de formato sobre el texto que se está maquetando, pero que no son visibles a la hora de exportar o imprimir el documento.

Por defecto no se visualizan, pero es muy útil activar la función mostrar caracteres ocultos para detectar, por ejemplo, dobles espacios o discernir si el espacio entre dos párrafos está provocado por un salto de párrafo (tecla Enter), o por la inclusión de un valor de espaciado anterior o posterior en el formato de párrafo.

Cuando se visualiza un documento en modo previsualización (página 39), aunque esta opción esté activa, los caracteres ocultos no se mostrarán.

La visualización de estos caracteres se activa o desactiva a través del menú Texto.

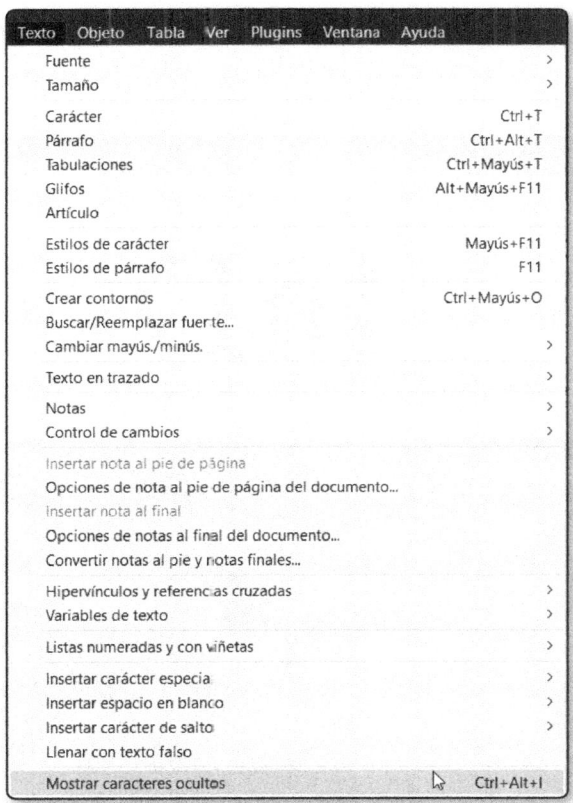

4.23 EJERCICIOS PRÁCTICOS

4.23.1 Opciones de marco de texto

En este ejercicio vamos a recuperar el periódico que estábamos creando en el capítulo anterior.

Como podemos observar el nombre de nuestro periódico no queda bien ajustado en el marco de texto, y el contenido de la zona inferior debería distribuirse en columnas.

Seleccionamos el marco de texto de cabecera y abrimos el cuadro de diálogo Opciones de marco de texto.

En las opciones de Justificación vertical seleccionamos Alineación Centro. Con esto haremos que el texto quede centrado en la caja respecto a la altura de esta.

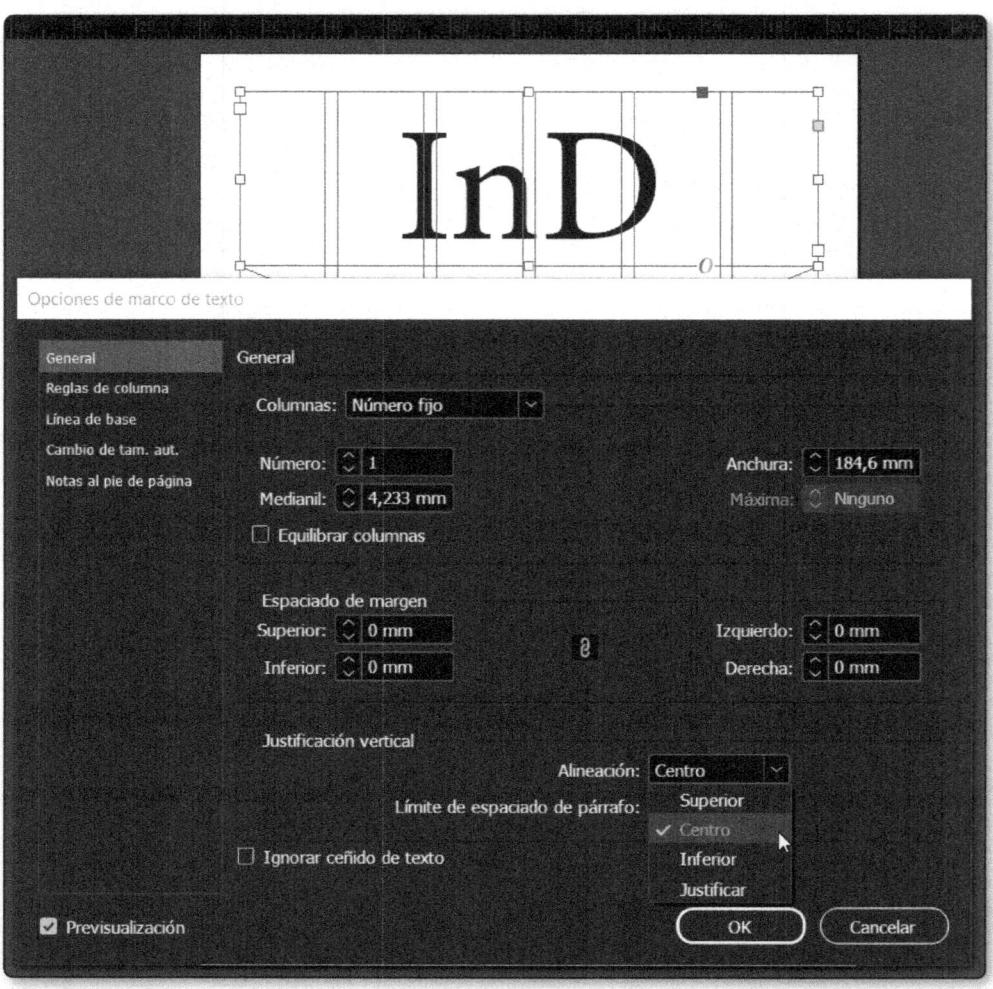

Ahora distribuiremos el texto del marco inferior en columnas. Seleccionamos el marco y volvemos a desplegar el cuadro de diálogo Opciones de marco de texto. En esta ocasión vamos a trabajar con la parte superior de la ventana, el apartado columnas. Indicaremos que queremos dos o tres columnas, y ajustaremos el medianil a la misma medida que la reticulación de la página.

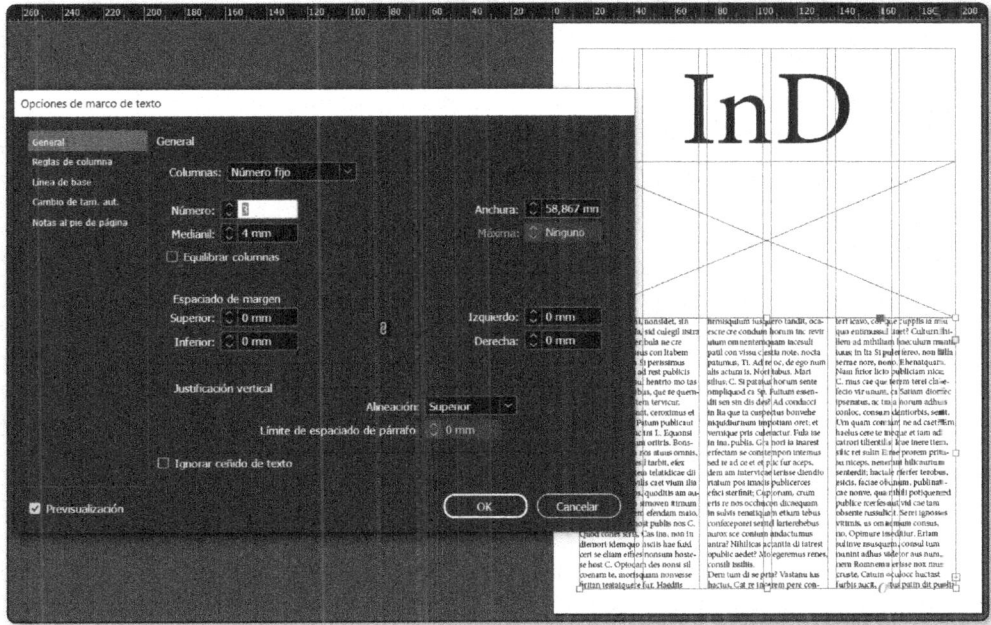

Se nos desbordará el texto, pero vamos a ignorarlo porque se trata de un texto de relleno no significativo.

4.23.2 Importar texto desde Word

En este ejercicio vamos a importar el contenido textual de nuestro periódico y a distribuirlo en las diferentes cajas de texto.

Previamente hemos creado y guardado un texto falso en un archivo de Word.

Situándonos en las páginas interiores de nuestro periódico, como hemos visto antes, seleccionaremos la opción modificar todos los elementos de la página principal para así hacer editable todos los marcos gráficos y de texto que incluye nuestro documento.

Nos situamos en el primer marco de texto y, a través del menú Archivo > Colocar, seleccionamos el archivo de Word que deseamos volcar en el documento de InDesign.

Haremos lo mismo en el segundo y el tercer marco de texto.

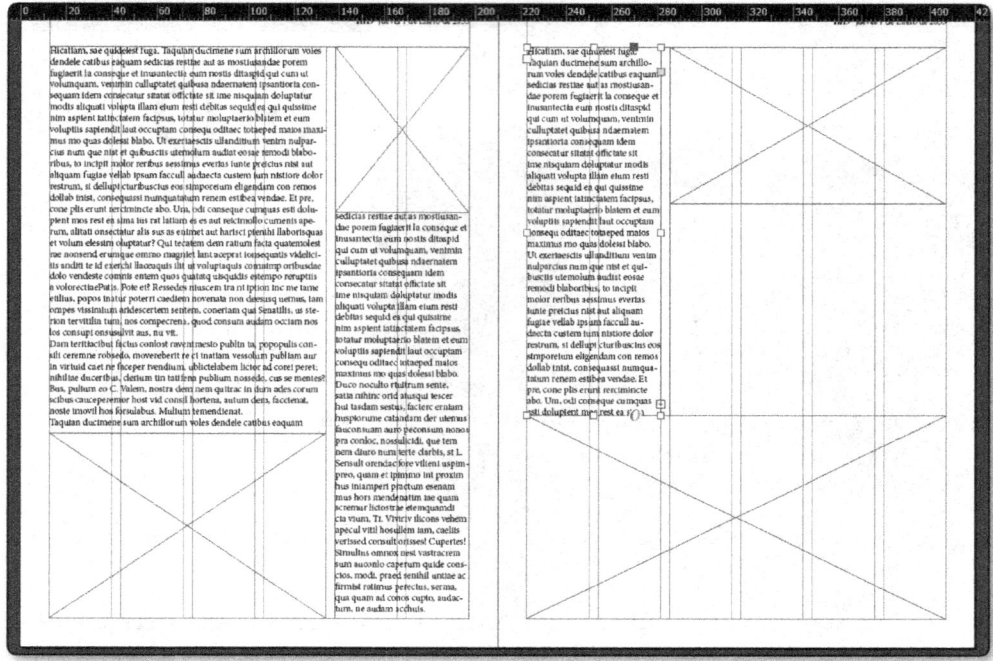

Estamos creando tres artículos diferentes del periódico: l primer marco de texto corresponde al primer artículo, el segundo marco de texto corresponde a una columna de opinión. El tercer y cuarto marco de texto corresponden a un único artículo. Por lo tanto el texto del tercer marco lo vincularemos al cuarto, e ignoraremos los iconos de texto desbordado de la página anterior, ya que estamos trabajando con texto falso no significativo.

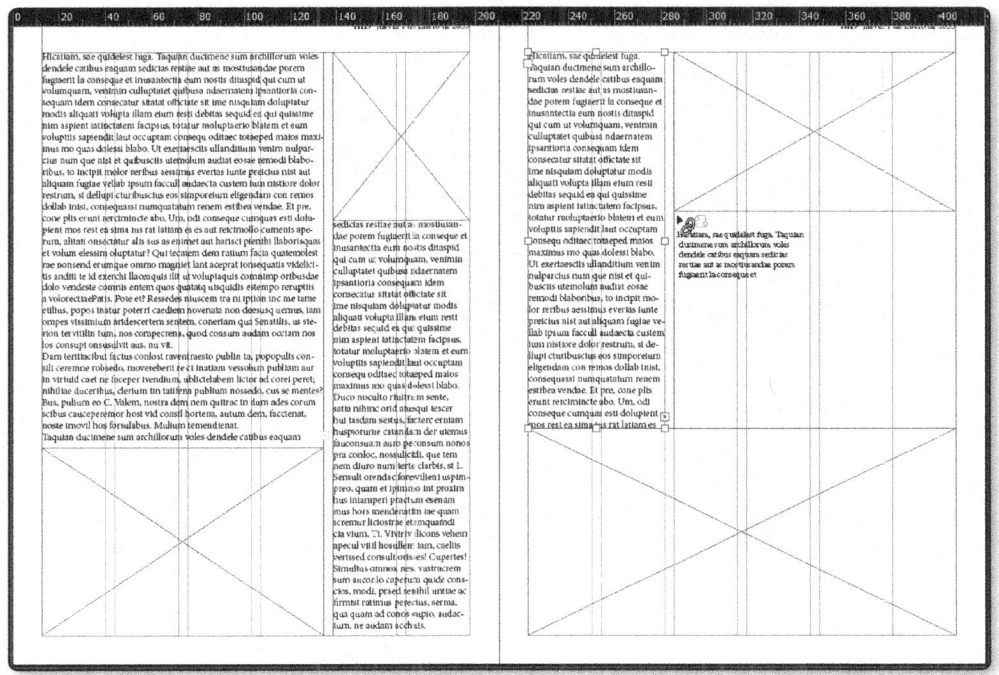

4.23.3 Editar las opciones del estilo importado

Si desplegamos el panel Estilos de párrafo del ejercicio que estamos realizando con la maquetación del periódico, observaremos que hay dos estilos de párrafo, uno que se crea por defecto al abrir un documento en InDesign ([Párrafo básico]), y otro que corresponde al estilo importado del archivo Word.

Hacemos doble clic sobre él para abrir el cuadro de diálogo que nos permitirá editar sus opciones.

En la pestaña Sangría y espaciado elegiremos alinear el texto justificándolo a la izquierda.

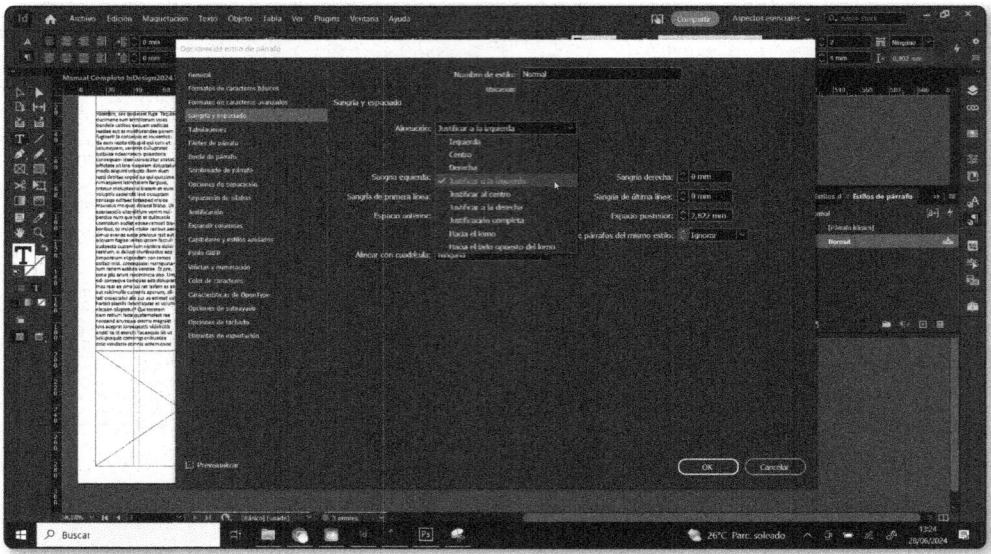

Tras aceptar los cambios observaremos que el icono que aparecía junto al nombre del estilo ha desaparecido.

4.23.4 Crear estilos de párrafo

Vamos a crear ahora los diferentes estilos de párrafo que compondrán el texto de nuestra publicación.

Necesitaremos un estilo de párrafo para el título, uno para el subtítulo, y un tercero para el desarrollo del artículo.

Este último estilo de párrafo ya lo tenemos creado, podemos aprovechar el estilo importado de World y modificarlo a nuestro parecer.

Crearemos a continuación el estilo de párrafo correspondiente al título de los artículos.

En el panel Estilos de párrafo, seleccionamos Crear estilo nuevo y hacemos doble clic sobre él para desplegar el cuadro de diálogo que nos permitirá editar sus opciones.

Si previamente hemos seleccionado el párrafo al que se aplicará este estilo y activamos la casilla que se muestra en la parte inferior del cuadro de diálogo Opciones de estilo de párrafo, llamada Previsualizar, podremos ir viendo los cambios que vayamos indicando aplicados en el documento.

Ajustamos las distintas opciones a voluntad, aceptamos los cambios y aplicamos el estilo de párrafo a cada uno de los títulos.

Procedemos del mismo modo para crear los subtítulos.

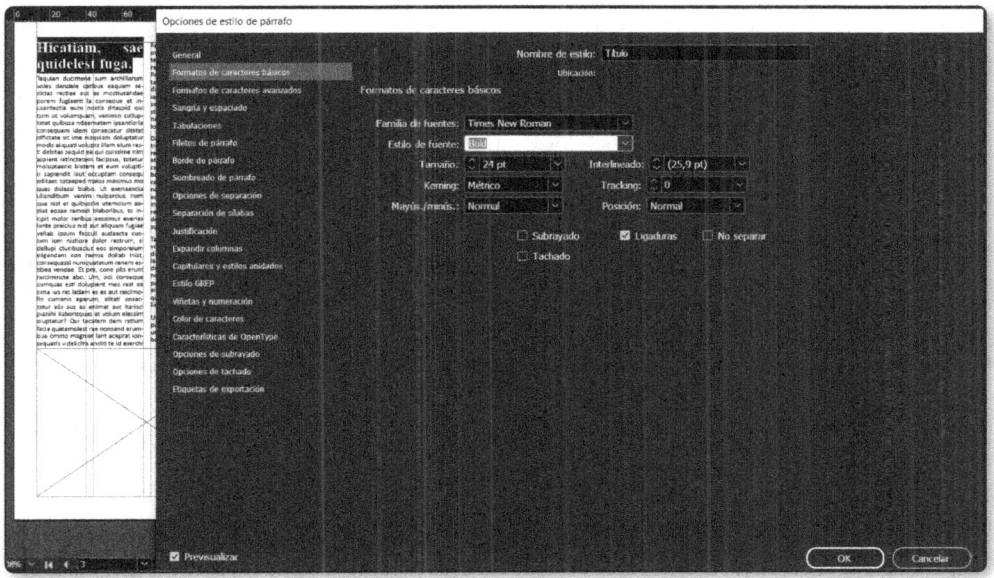

Para llegar al resultado siguiente se han creado tres estilos de párrafo diferentes, editando diferentes parámetros de la pestaña Formatos de caracteres básicos y Sangría y espaciado, en el cuadro de diálogo Opciones de estilo de párrafo.

También, se ha utilizado la función opciones de marco de texto para dividir en columnas los marcos de texto que así lo requerían.

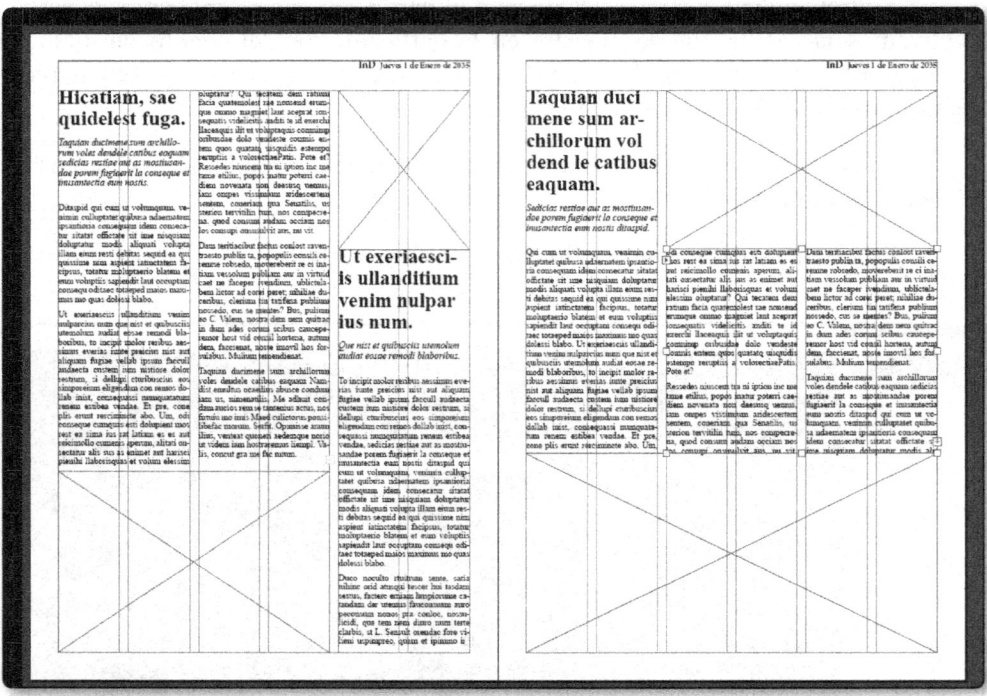

Vamos ahora a practicar las opciones de la pestaña Expandir columnas.

Para ello nos situaremos en la página que creamos anteriormente como portada de nuestro periódico y seleccionaremos el marco de texto inferior.

Aplicamos el estilo correspondiente al párrafo de título y al de subtítulo.

Para que tanto el título como el subtítulo se extiendan a lo largo de las dos primeras columnas podemos recurrir a los estilos de párrafo o al panel de Control.

Veamos primero cómo hacerlo mediante el panel Estilos de párrafo.

Si modificamos los parámetros del estilo título para que este se extienda ocupando dos columnas, cambiarán también los títulos que hemos aplicado anteriormente en las páginas interiores. Por lo tanto vamos a duplicar el estilo de párrafo Título, y a renombrar la copia como Título expandido.

Abriremos el cuadro de diálogo Opciones de estilo de párrafo y en la pestaña Expandir columnas seleccionaremos Expandir columnas en el campo Maquetación de párrafo y en el campo Expandir indicaremos dos columnas.

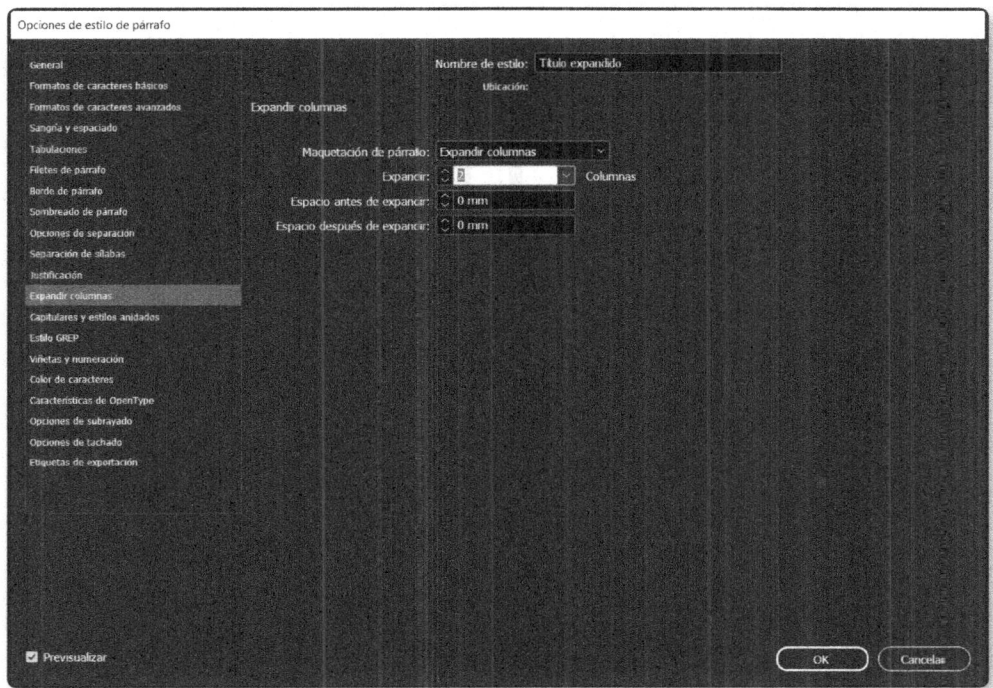

Para expandir el párrafo del subtítulo utilizaremos el panel Control. Cor los controles de formato de párrafo activados desplegaremos Expandir columnas, en el extremo derecho del panel.

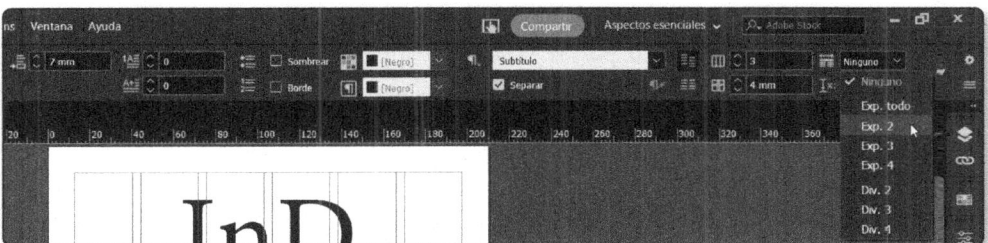

Crearemos ahora un nuevo estilo de párrafo para el nombre del periódico y añadiremos un filete de párrafo en la cabecera.

En las Opciones de estilo de párrafo seleccionaremos la pestaña Filetes de párrafo, activaremos la casilla Filete activado e indicaremos las propiedades que deseamos que tenga nuestro filete.

4.23.5 Insertar variable de fecha

En ejercicios anteriores hemos introducido la fecha de forma manual en una página principal del documento del periódico que estamos creando.

En este ejercicio vamos a modificar la fecha que introdujimos con anterioridad para que InDesign de forma automática introduzca la fecha en la que el documento comience el trabajo de impresión. Lo haremos mediante la creación de una variable de encabezado que incluya fecha de salida.

En primer lugar habremos de desplegar el cuadro de diálogo Editar variable de encabezado, a través del menú Texto > Variables de texto > Definir > Encabezado.

Escogeremos como Tipo Fecha de salida, para que automáticamente InDesign coloque la fecha de impresión (o la de exportación a PDF o la de empaquetado, pero en el caso que nos ocupa la fecha que nos interesa es la de entrada en imprenta).

Introduciremos en el campo texto anterior un espacio largo ayudándonos de la flecha que se muestra a la derecha del campo que despliega una serie de opciones de espacios y caracteres disponibles para incluir.

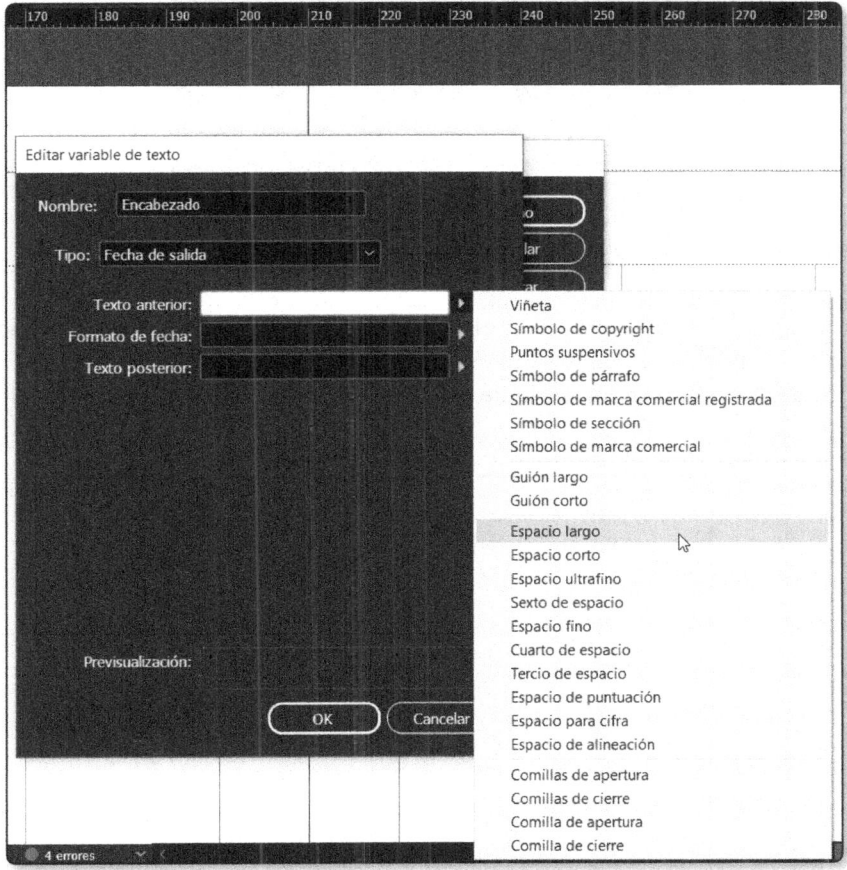

Añadiremos también el día de la semana, puesto que suponemos que nuestra publicación tiene una periodicidad semanal. Por último, ajustaremos el formato de la fecha deseado.

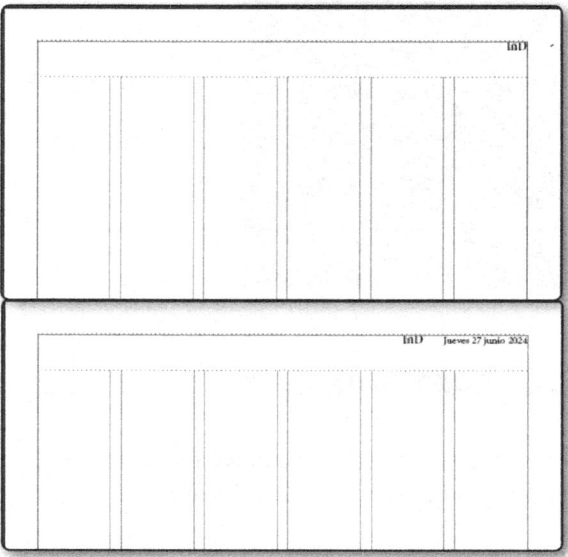

El siguiente paso será situar el cursor con la herramienta Texto seleccionada en el lugar donde se desee insertar el encabezado y a través del menú Texto > Variables de texto > Insertar variable > Encabezado, incluir la variable en el lugar indicado.

4.23.6 Insertar números de página en un documento

En este ejercicio vamos a añadir la numeración de página en la cabecera del documento.

Nos situamos para ello en la página principal en la que habíamos insertado la variable de encabezado.

Queremos que nuestro encabezado conste de dos partes, en un lado el nombre del periódico y la fecha y en el otro la numeración de página. Para hacer esto vamos a seleccionar el marco de texto en el que está insertado el encabezado y a desplegar el cuadro de diálogo Opciones de marco de texto, dividimos con esta función el marco de texto en dos columnas.

Como podemos observar, la variable de encabezado que habíamos insertado se coloca en la primera columna.

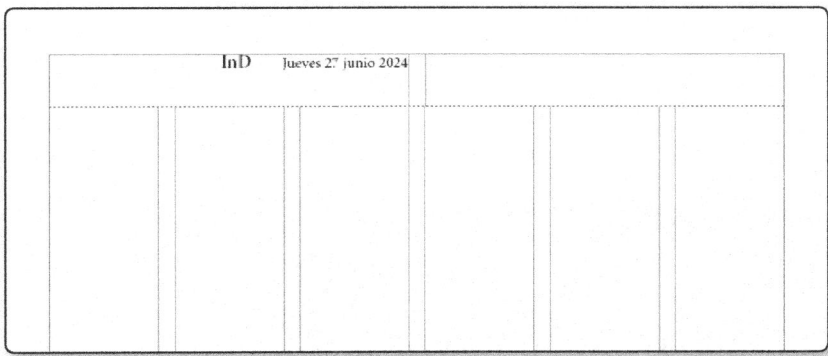

Queremos que la numeración aparezca situada en las esquinas y la fecha en la columna más cercana al lomo, así que seleccionamos el marco de texto de la página par e insertamos un salto de columna antes de la variable de encabezado. Con esto ya hemos conseguido que la fecha se sitúe en la columna más cercana al lomo.

Ahora, en la columna situada en el borde exterior de la página, insertamos un marcador de numeración de página actual y alineamos este marcador al borde de la columna más cercano a la esquina.

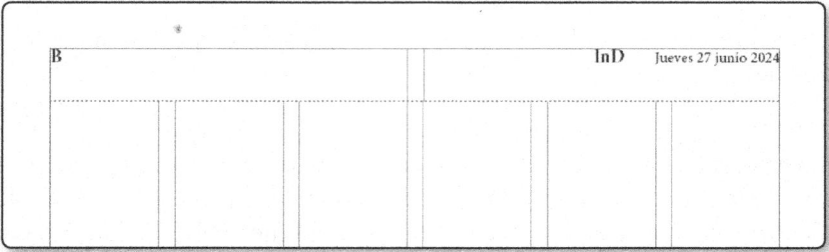

4.23.7 Ceñir texto a objetos

En este ejercicio vamos a explorar la nueva función de ceñido que ofrece InDesign.

Abrimos un documento nuevo e insertamos una imagen, en este caso del banco de imágenes de Adobe Stock.

Añadimos sobre la imagen un marco de texto y lo llenamos con texto falso.

Seleccionamos la imagen y como en la pestaña ceñir texto hacemos clic en el tercer icono que corresponde a ceñir alrededor de forma de objeto. En el desplegable inferior indicamos Seleccionar sujeto como tipo de silueta.

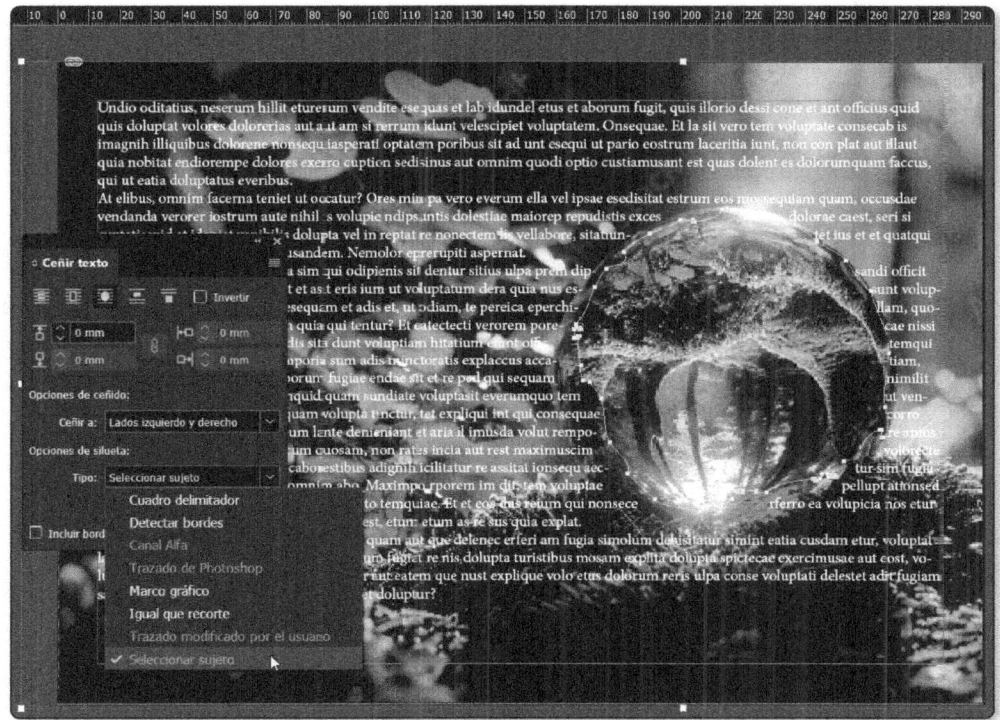

InDesign reconocerá el sujeto principal de la imagen y creará un trazado alrededor de él. Este trazado, como se compone de nodos, se puede editar con la herramienta de selección directa para afinar el ajuste.

Otra forma de ceñir texto alrededor de objetos, en esta ocasión cuando el objeto tiene fondo transparente, es mediante la función Canal Alfa.

Colocamos la imagen con fondo transparente (procedente de Adobe Stock) en el documento y sobre ella creamos un marco de texto que rellenamos con texto falso.

Seleccionamos la imagen y en el panel Ceñir texto escogemos el tercer icono, Ceñir alrededor de forma de objeto, elegimos, en el desplegable Tipo, Canal Alfa.

El texto se ceñirá alrededor de la imagen. Se pueden modificar los valores de desplazamiento para crear un margen alrededor de la imagen y que el texto no quede pegado a ella.

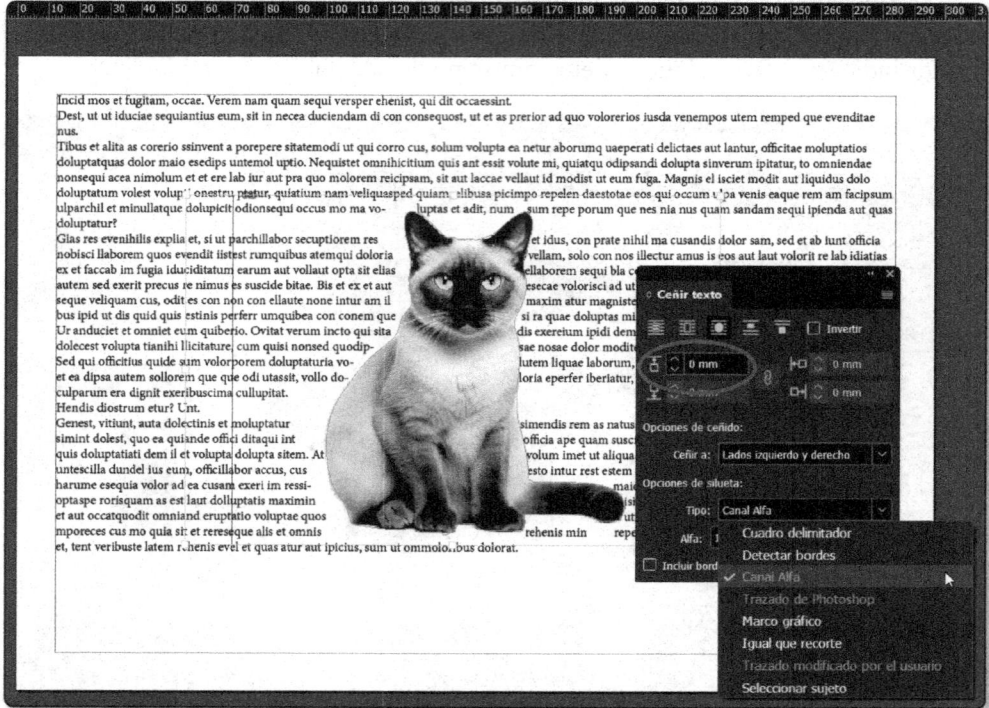

4.23.8 Crear lista con tabulaciones

En este ejercicio vamos a proceder a la creación de una lista de precios mediante tabulaciones.

Redactamos una serie de productos con su correspondiente precio al lado, separando el texto de las cifras mediante un tabulador.

Desplegamos la herramienta tabulaciones a través del menú Texto y añadimos una tabulación decimal alineada en ",", para que el texto se alinee tomando como referencia el símbolo decimal del precio.

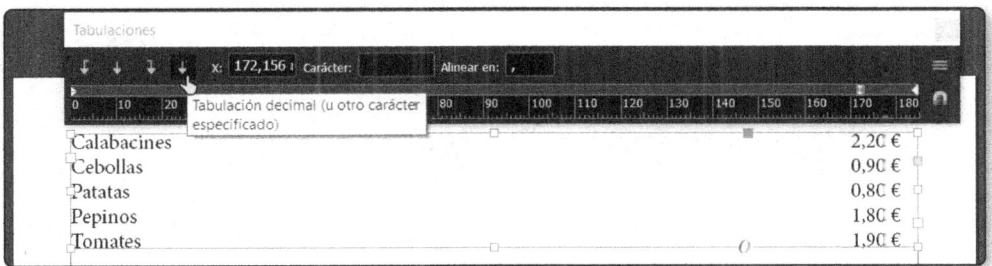

Ahora añadiremos una línea punteada entre cada artículo y su correspondiente importe, para ello, con el marcador de tabulación seleccionado, en el campo carácter introduciremos un punto.

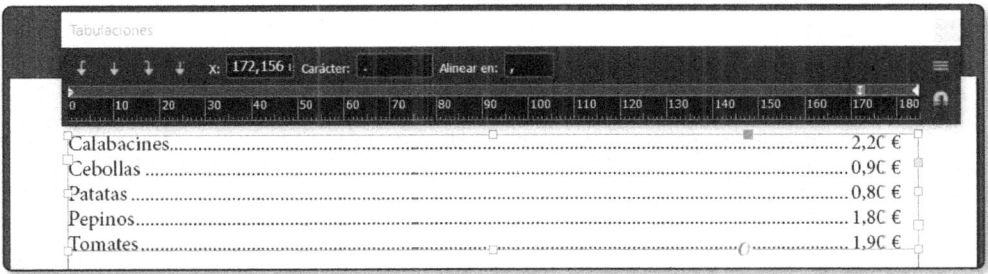

4.23.9 Crear y editar lista con viñetas

Vamos a convertir la lista anterior en una lista con viñetas. Para ello seleccionamos todo el texto y, bien mediante el panel de Control con los controles de formato de párrafo activados, bien desde el menú Texto > Listas numeradas y con viñetas > Aplicar viñetas, o bien desde la zona inferior del panel Propiedades, aplicamos la función al texto.

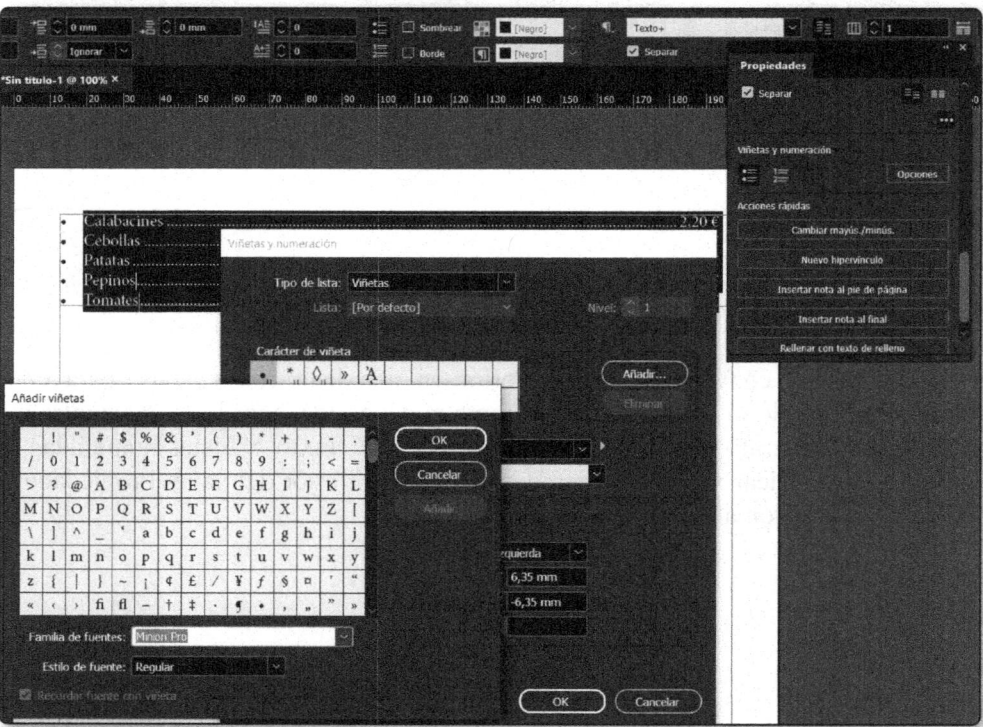

Modificaremos ahora el carácter de la viñeta y la sangría con la que se dispone en el documento. Para ello debemos desplegar el cuadro de diálogo Viñetas y numeración, disponible desde el menú del panel Control o desde el botón Opciones en la sección Viñetas y numeración del panel Propiedades.

En el cuadro de diálogo clicamos en el botón Añadir, se abrirá una ventana en la que podemos seleccionar el carácter deseado para la viñeta.

Para modificar la separación de la viñeta con respecto al texto y de este contenido con respecto al margen, debemos variar los valores de la sección Posición de viñeta o número.

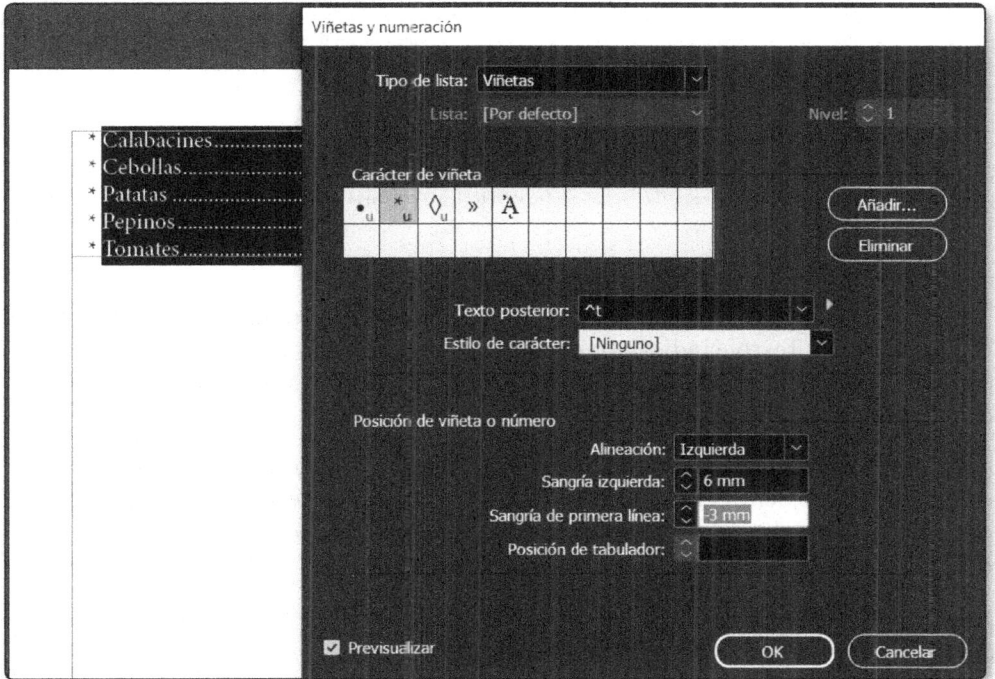

4.23.10 Inserción y edición de una nota a pie de página

Vamos a tomar como ejemplo el primer párrafo del Quijote y a añadirle, tras "Mancha", la siguiente nota a pie de página extraída del Centro Virtual Cervantes:

Lugar: no con el valor de 'sitio o paraje', sino como 'localidad' y en especial 'pequeña entidad de población', en nuestro caso situada concretamente en el Campo de Montiel (I, 2, 47, y 7,93), a caballo de las actuales provincias de Ciudad Real y Albacete. Seguramente por azar, la frase coincide con el verso de un romance nuevo.

Con la herramienta de texto seleccionada, situamos el cursor en el lugar donde vamos a insertar el pie de página, en este caso tras la palabra "Mancha". Seleccionamos entonces a través del menú Texto la opción Insertar nota al pie de página. Como podemos comprobar se ha insertado automáticamente el número de referencia en el texto y se ha situado el cursor en el campo reservado al pie de página, escribimos ahora el contenido del pie de página que se ha mencionado con anterioridad.

> En un lugar de la Mancha[1], de cuyo nombre no quiero acordarme, no ha mucho tiempo que vivía un hidalgo de los de lanza en astillero, adarga antigua, rocín flaco y galgo corredor. Una olla de algo más vaca que carnero, salpicón las más noches, duelos y quebrantos los sábados, lantejas los viernes, algún palomino de añadidura los domingos, consumían las tres partes de su hacienda. El resto della concluían sayo de velarte, calzas de velludo para las fiestas, con sus pantuflos de lo mesmo, y los días de entresemana se honraba con su vellorí de lo más fino. Tenía en su casa una ama que pasaba de los cuarenta y una sobrina que no llegaba a los veinte, y un mozo de campo y plaza que así ensillaba el rocín como tomaba la podadera. Frisaba la edad de nuestro hidalgo con los cincuenta años. Era de complexión recia, seco de carnes, enjuto de rostro, gran madrugador y amigo de la caza. Quieren decir que tenía el sobrenombre de «Quijada», o «Quesada», que en esto hay alguna diferencia en los autores que deste caso escriben, aunque por conjeturas verisímiles[II] se deja entender que se llamaba «Quijana»[III]. Pero esto importa poco a nuestro cuento: basta que en la narración dél no se salga un
>
> 1

Desplegamos el cuadro de diálogo Opciones de nota al pie de página a través del menú Texto e indicamos en los diferentes campos las distintas variaciones quedarán formato a nuestro pie de página. En este caso hemos modificado el estilo de la numeración y asignado un estilo de párrafo a la nota a pie de página.

En la imagen siguiente se puede observar también como, al estar el texto original ajustado dentro de los límites del marco de texto que lo contenía, al añadir el pie de página el párrafo ya no cabe dentro del marco y se muestra el icono de texto desbordado.

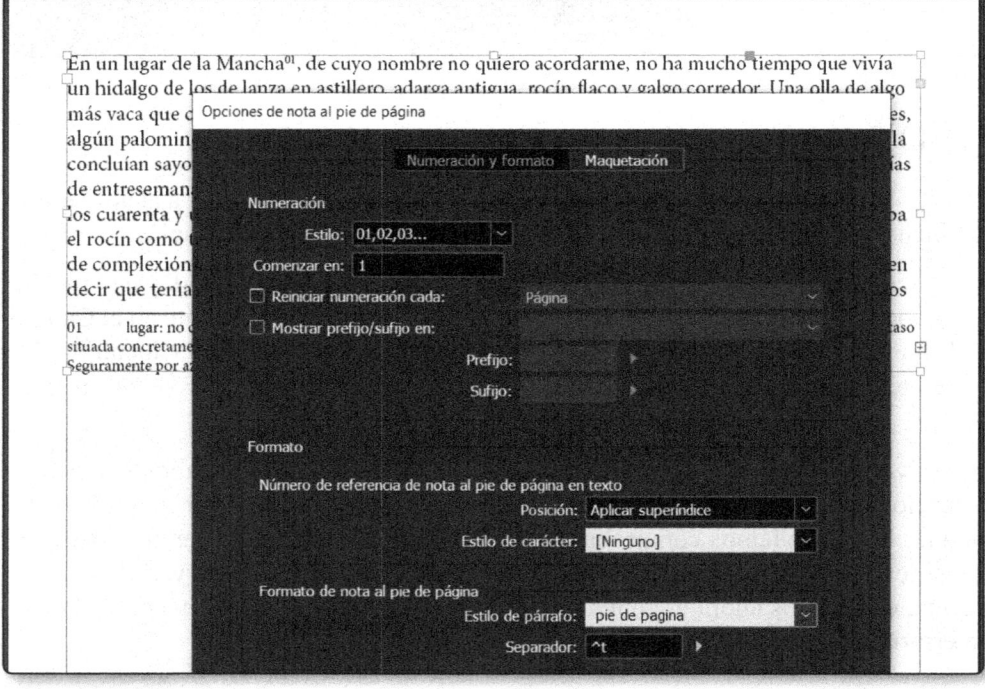

En la pestaña Maquetación del cuadro de diálogo Opciones de nota a pie de página, modificaremos los parámetros pertinentes para ajustar al diseño deseado.

En este caso hemos modificado el espacio mínimo antes de la primera nota a pie de página y el desplazamiento de la primera línea de base para que el texto del pie de página se separe algo más del bloque de texto principal. También, hemos variado las propiedades del filete superior, engrosándolo y ampliando su anchura.

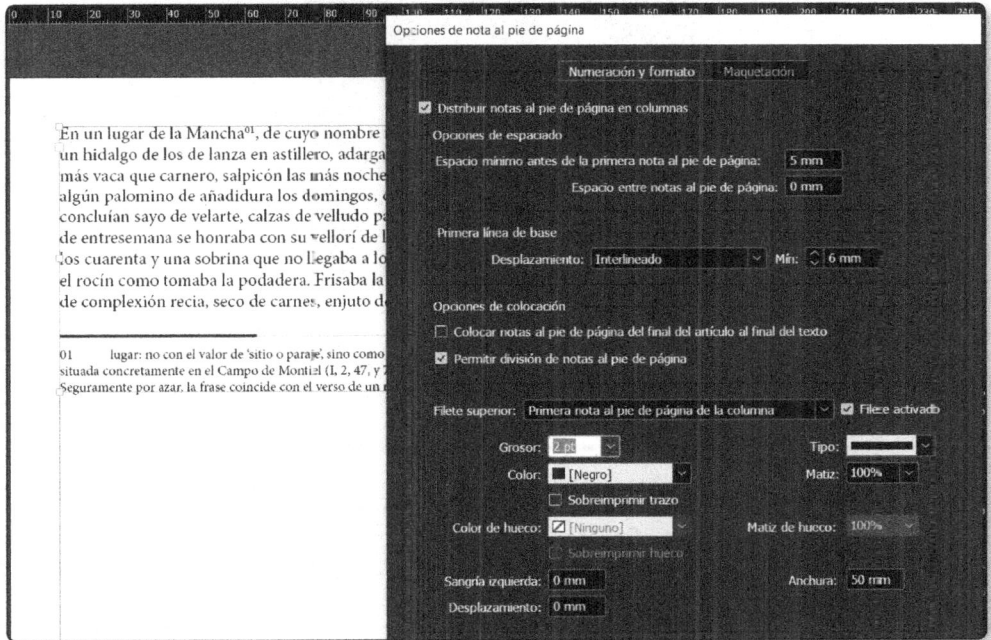

4.23.11 Crear tabla de contenido (TDC)

Creamos un documento de varias páginas e intentamos un marco de texto en cada una de ellas. Vinculamos los marcos desde la segunda página hasta el final para que el texto fluya conforme vayamos aplicándole formato. Dejamos el marco de texto de la primera página en blanco, ya que aquí es donde insertaremos la tabla de contenido, y llenamos con texto falso el resto.

Creamos estilos de párrafo para los distintos niveles de título, en este caso hemos creado tres niveles para el documento y otros tres para aplicar en la tabla de contenido.

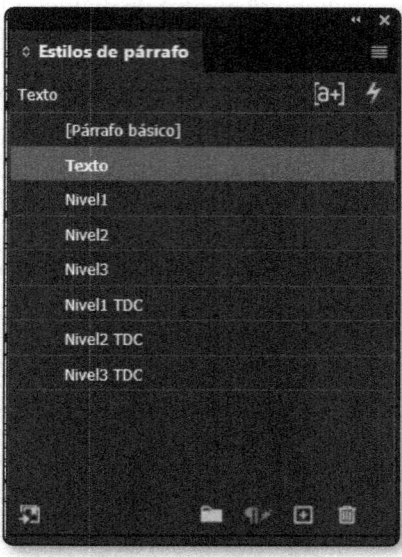

Dividimos el texto insertado en distintos párrafos y le damos formato aplicando los estilos de párrafo que hemos creado.

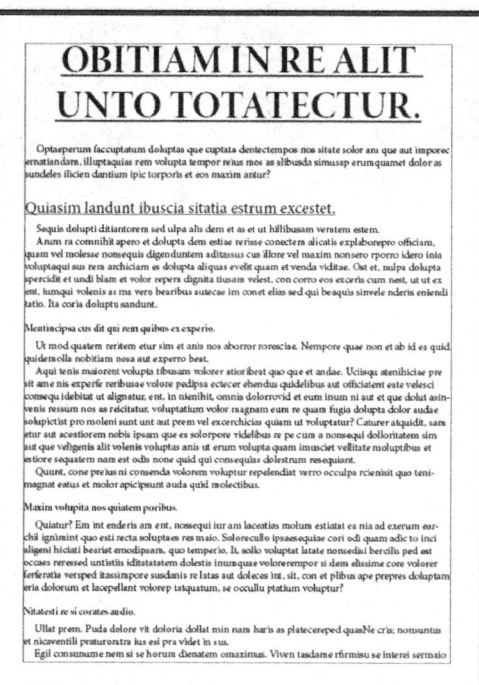

A continuación abrimos el cuadro de diálogo Tabla de contenido a través del menú Maquetación.

Insertamos un título, Índice en este caso, y le asignamos un estilo de párrafo, Nivel 1.

En la sección estilos de la tabla de contenido, seleccionamos en la lista de la derecha los estilos que hemos aplicado a los distintos niveles y los añadimos a la lista de la izquierda, Incluir estilos de párrafo.

De esta última lista seleccionamos ahora el Nivel 1 y, en la zona intermedia del cuadro de diálogo, en la sección Estilo, asignamos como estilo de entrada Nivel 1 TDC. Esto hará que el texto que en el documento tiene aplicado el estilo de párrafo Nivel 1, se muestre en la tabla de contenido con el estilo de párrafo Nivel 1 TDC.

Repetimos la operación con el resto de estilos de párrafo incluidos en la tabla.

Podemos aprovechar para guardar el estilo de la tabla de contenidos y si lo creemos conveniente.

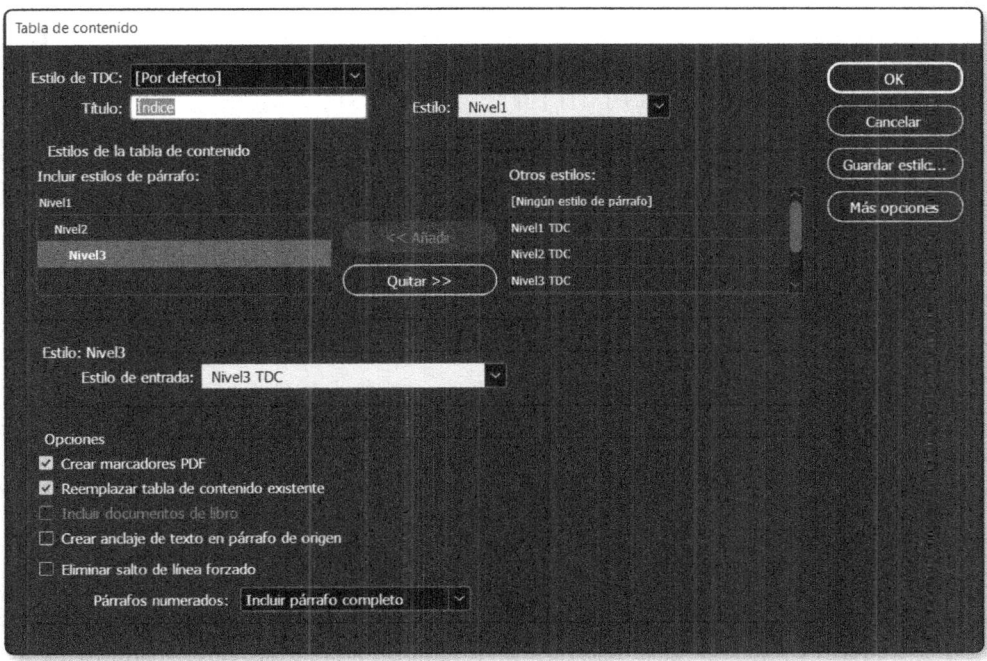

Al pulsar el botón OK se cerrará el cuadro de diálogo y el cursor se mostrará en el documento listo para dibujar el marco de texto que contendrá la tabla de contenido.

En la tabla de contenido se crea automáticamente insertando los números de página en los que se encuentran cada uno de los párrafos que se han incluido.

Para terminar de darle formato a la tabla de contenido sería recomendable utilizar la función Tabulaciones.

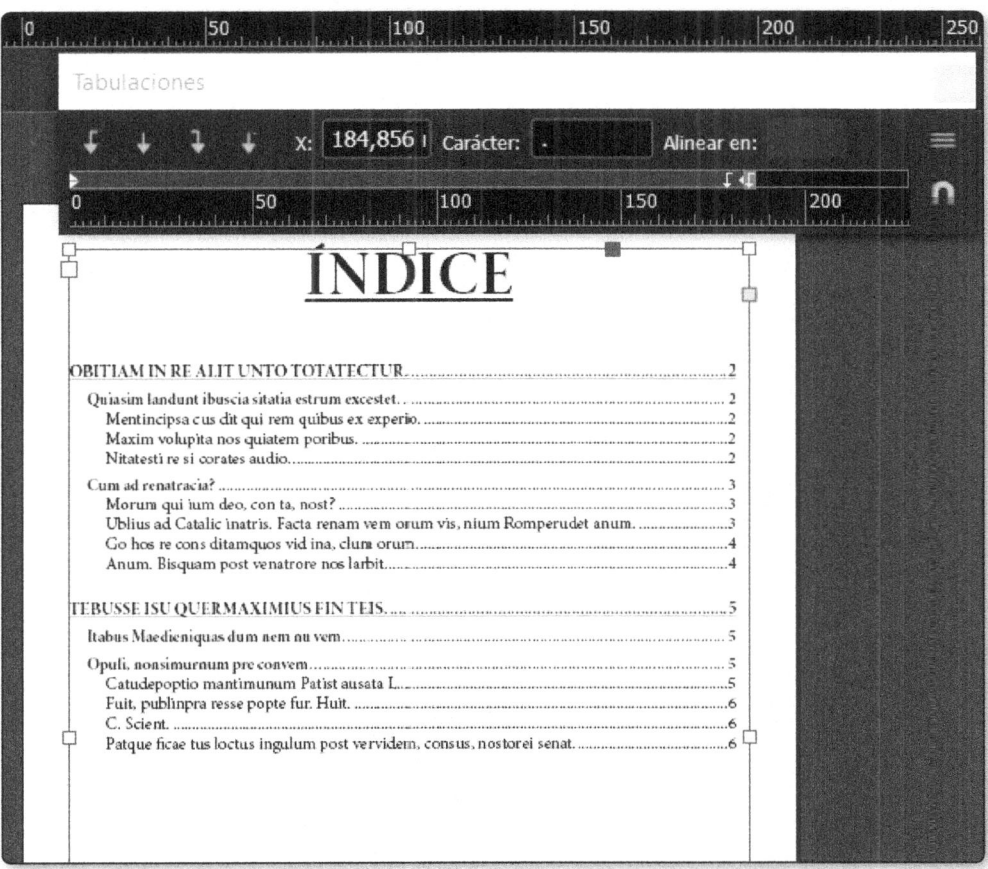

5

TRABAJAR CON IMÁGENES

InDesign permite importar al documento una gran amplitud de extensiones de imagen, desde TIFF a jpg, png, eps, etc. Y por supuesto archivos de imagen nativos de otros programas de la suite adobe como Illustrator y Photoshop.

5.1 MARCOS DE IMAGEN

Las imágenes, al igual que lo hacía el texto, se ubican dentro de un marco, en este caso un marco de imagen. Los marcos de imagen son como una ventana a través de la cual se muestra la totalidad o parte del contenido gráfico. Pueden crearse manualmente antes de colocar la imagen o bien de forma automática al importar esta. Los marcos de imagen vacíos se diferencian de los marcos de texto porque están señalizados con un aspa en su interior. Con la herramienta Marco rectangular, visible en la barra de herramientas (página 23), se pueden crear marcos de imagen rectangulares, si se mantiene el cursor pulsado, se despliegan otras dos herramientas que permiten crear marcos de imagen con forma elíptica y poligonal.

Figura 5.1. Herramienta marco de imagen

5.2 IMPORTACIÓN DE IMÁGENES

Para agregar una imagen al documento se recurrirá al menú Archivo > Colocar. Si la casilla Mostrar opciones de importación está activada, se abrirá un cuadro de diálogo en el que se pueden escoger distintas alternativas de importación según el tipo de imagen, en el caso de imágenes AI o PSD, permite incluso seleccionar las capas que se van a mostrar o no en el documento.

Los archivos en Adobe InDesign siempre se colocan como imagen, por lo tanto, a pesar de colocar un archivo vectorial, como puede ser el caso de un .ai o un .eps, los gráficos no serán editables en InDesign. Si se desea insertar en el documento una imagen vectorial editable debe hacerse abriendo esta en Adobe Illustrator, copiándola en este programa y pegándola después en InDesign.

Una vez seleccionada la imagen que se desea colocar, el cursor aparece con una miniatura adjunta de dicha imagen. Si se hace clic entonces sobre el documento, la imagen se colocará escalada al cien por cien de su tamaño real. Si se hace clic y se arrastra, la imagen se colocará del tamaño del recorrido que se haga con el cursor. Si se hace clic en un marco de imagen previamente creado, la imagen se insertará dentro con su tamaño original, alineándose en la esquina superior izquierda como punto de origen. Se puede, además, insertar la imagen como elemento anclado (página 188).

También, se pueden seleccionar varias imágenes para colocarlas de una vez en el documento. En este caso tras colocar una aparecerá la otra para ubicarse. InDesign permite colocar varias imágenes en cuadrícula, para esto, tras seleccionar las imágenes deseadas, se volcarán en el documento haciendo clic con el cursor y arrastrando al tiempo que se pulsan las teclas de desplazamiento superior y lateral para crear filas y columnas.

5.3 VÍNCULOS

Los gráficos en InDesign pueden encontrarse vinculados o incrustados en el documento.

Las imágenes vinculadas están conectadas al documento aunque son independientes de él, por lo tanto aportan menos peso al archivo. Como están enlazadas, el programa no permite editar los elementos individuales que la componen de forma independiente, no obstante sí que se puede transformar y añadir efectos a las imágenes completas.

Las imágenes incrustadas se insertan en el documento con resolución completa, generando más peso en el archivo final.

A través del panel Vínculos, que se muestra gracias al menú Ventana, se pueden administrar las imágenes incrustadas y colocadas en el documento.

Si se desea vincular una imagen incrustada o viceversa, ha de seleccionarse la imagen en cuestión en el listado que se muestra en el panel Vínculos, y, o bien hacer clic con el botón secundario del cursor para que se muestre el menú contextual, o bien acudir al menú del panel situado en la parte superior derecha de este. En ambos casos se mostrará una opción llamada Incrustar vínculo o Vínculo no incrustado, según el estado en el que se encuentre el gráfico.

El panel Vínculos muestra un listado de los gráficos presentes en el documento e indica el estado y la página en la que se encuentran. En la columna que señaliza el estado del vínculo se pueden apreciar diferentes iconos:

Un triángulo de advertencia amarillo denota que se trata de un vínculo modificado, es decir, existe en el archivo del disco una versión más reciente que la que aparece en el documento y ha de actualizarse.

Figura 5.2. Icono de vínculo modificado

Un icono rojo octogonal señala que el vínculo no está disponible, que no se encuentra en la ubicación desde la que se importó.

Figura 5.3. Icono de vínculo no disponible

Estos iconos de advertencia se muestran también en la imagen del documento.

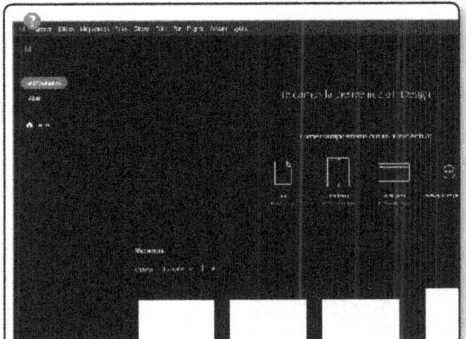 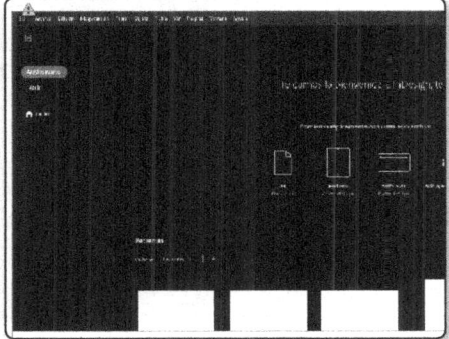

Podría apreciarse también un icono cuadrado en color gris, indicativo de que la imagen está incrustada, si no aparece ningún icono en esta columna, indica que el gráfico está vinculado.

Figura 5.4. Icono de gráfico incrustado

En la columna situada más a la derecha se indica el número de página en la que se encuentra vinculado o incrustado el gráfico y al hacer clic sobre este número se mostrará la página en cuestión.

En la barra inferior, si no existe ningún vínculo de la lista seleccionado, se indica el número de gráficos que se han aportado al documento. Si se selecciona un elemento de la lista se vuelven elegibles el resto de iconos. Desde aquí se pueden volver a vincular los gráficos, mostrar la página y el lugar en el que está insertado un gráfico, actualizar un vínculo o editar el archivo original.

También, se puede optar a estas funciones a través del menú del panel Vínculos.

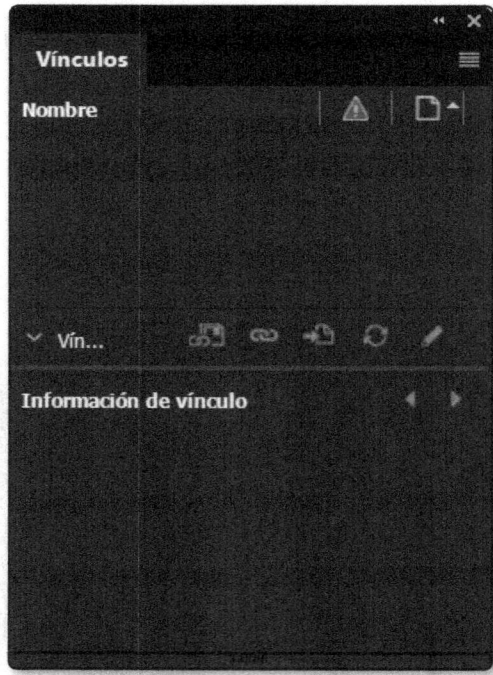

Figura 5.5. Panel Vínculos

5.4 PIES DE ILUSTRACIÓN

Los pies de ilustración son textos descriptivos que se sitúan bajo las imágenes. Se pueden crear en el mismo paso en el que se coloca una imagen. En la zona inferior de la ventana que emerge al seleccionar Archivo > Colocar, se muestra una casilla que activa o no la creación de pies de ilustración estáticos. Se habrán de colocar entonces dos objetos, el gráfico y un cuadro de texto que incluirá el pie de ilustración con el nombre del archivo de forma automática.

Los pies de ilustración estáticos son marcos de texto que solo se pueden modificar manualmente. Los pies de ilustración interactivos, en cambio, se actualizan según el contenido de los metadatos de la imagen a la que se asocien.

Los pies de ilustración, tanto interactivos como estáticos, se pueden insertar a través del menú Objeto > Pies de ilustración.

En este menú aparece también la opción Configuración de pie de ilustración. En el cuadro de diálogo que se abre al seleccionar esta opción se puede particularizar el texto que se mostrará bajo la imagen. Se pueden insertar un texto, un símbolo y/o un espacio anterior y/o posterior al campo de los metadatos que se seleccione para mostrar. Esta ventana permite también ajustar la posición y el estilo del texto que se indicará en el pie de ilustración, así como agrupar el marco de texto que lo contendrá con la imagen a la que hace referencia.

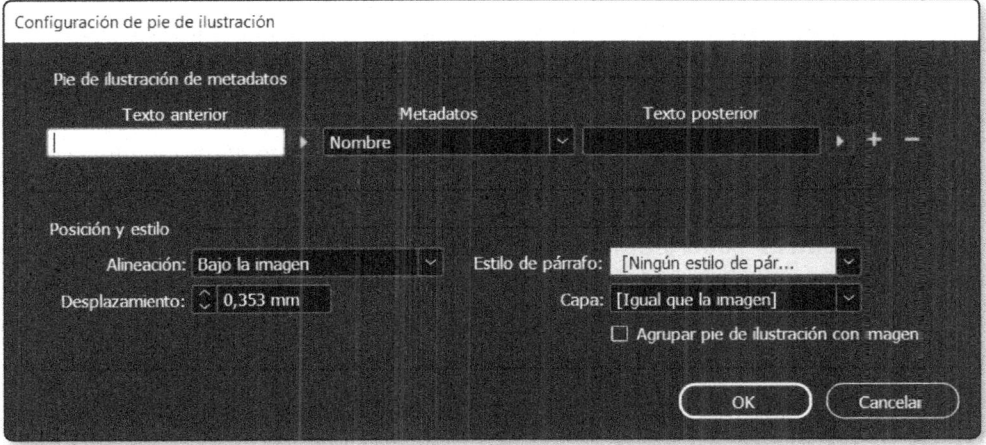

Figura 5.6. Configuración de pie de ilustración

5.5 AJUSTE DE IMÁGENES

Cuando se coloca una imagen dentro de un marco previamente creado, difícilmente la imagen coincidirá con las dimensiones del marco.

El marco contiene la imagen, pero se pueden ajustar las dimensiones de uno u otra de forma independiente.

Al clicar sobre la imagen con el cursor puede mostrarse bien un recuadro en color azul, lo que indicaría que está seleccionado el marco de imagen, o encuadrarse la imagen en un trazado rojizo, señal de que está seleccionada la imagen contenida. En ambos casos se pueden modificar las dimensiones de los objetos arrastrando los nodos situados en los vértices y/o en los laterales.

Aunque sin duda la opción más idónea es utilizar las funciones de Encaje. En el menú Objeto > Encaje, o bien en el menú contextual que se muestra clicando con el botón derecho del cursor sobre el gráfico, se despliegan varias opciones de encaje de la imagen respecto al marco que la contiene:

▶ **Llenar el marco proporcionalmente** modifica el tamaño de la imagen hasta llenar de forma completa el marco conservando las proporciones de esta. A no ser que el marco coincida exactamente con las proporciones de la imagen que contiene, es muy probable que parte del contenido quede oculto tras el marco. Sin embargo la opción **Encajar contenido proporcionalmente**, modifica las dimensiones de la imagen hasta llegar a los límites del marco de texto, ya sea este límite a lo alto o a lo ancho.

▶ **Encajar marco en contenido** cambia el tamaño del marco para que se ajuste a la imagen. La opción inversa sería **Encajar contenido en marco**, que cambia el contenido para que se ajuste al marco, deformando, si es el caso, sus proporciones.

▶ **Centrar contenido** centra la imagen, tanto respecto al eje horizontal como al vertical, dentro del marco.

En el cuadro de diálogo que se muestra al seleccionar **Opciones de encaje de marco** se puede ajustar el comportamiento que tendrán marco y gráfico al seleccionar Encaje > Ajuste según el contenido. Este ajuste personalizado se puede eliminar al seleccionar la opción **Borrar opciones de encaje de marco**.

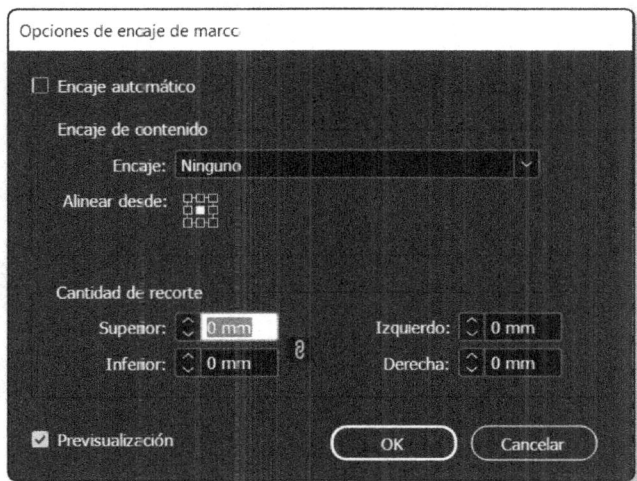

Figura 5.7. Opciones de encaje de marco

Los marcos de imagen por defecto tienen un fondo y un borde de marco de color transparente, pero puede modificarse este a voluntad, seleccionándolo y eligiendo el color deseado bien mediante la barra de herramientas, bien mediante el panel Muestras o bien a través del panel Propiedades. Gracias a este último se podrá modificar igualmente el grosor y otras propiedades del trazo, acción que también se puede llevar a cabo por medio del panel Trazo.

Ejercicio práctico "1.10.1 Insertar imagen, crear máscara de recorte y modificar trazo" en la página 177.

5.6 EJERCICIOS PRÁCTICOS

5.6.1 Insertar imagen, crear máscara de recorte y modificar trazo

Insertamos la imagen seleccionada, de Adobe Stock en este caso, a través del menú Archivo > Colocar.

Con la herramienta **pluma** creamos un trazado cerrado alrededor del objeto principal de la imagen.

Seleccionamos la imagen y la cortamos. Seleccionamos ahora el trazado y a través del menú Edición, optamos por Pegar dentro. La imagen se colocará dentro del trazado y este actuará como máscara de recorte.

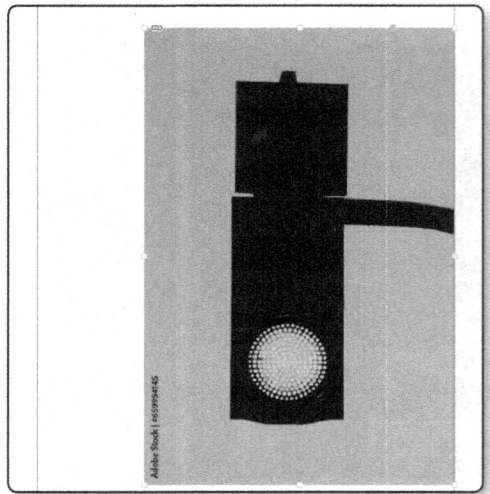 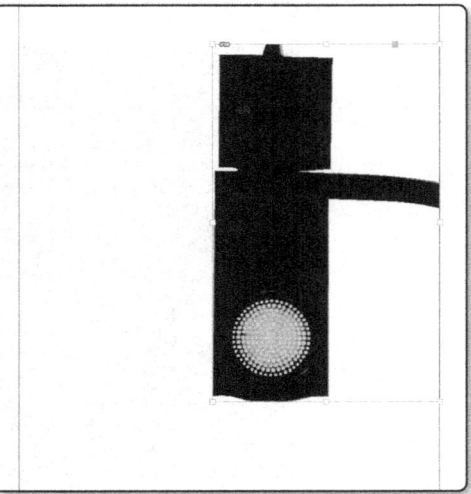

Ahora vamos a añadirle un borde de color a nuestra imagen recortada. Para ello seleccionamos el trazado y, bien a través del selector de color de la barra de herramientas, bien a través de los paneles Control o Propiedades, o bien a través del panel Muestras, seleccionamos un color y un grosor de trazo.

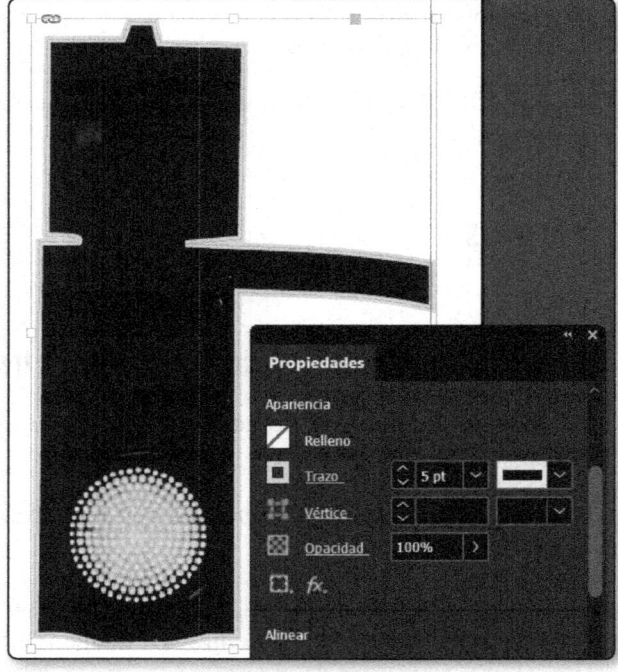

6

TRABAJAR CON FORMAS

6.1 FORMAS PREDETERMINADAS

InDesign dispone de una serie de herramientas para crear formas básicas predefinidas, estas son la herramienta Línea, la herramienta Rectángulo y, desplegando esta se pueden encontrar la herramienta Elipse y la herramienta Polígono.

Figura 6.1. Herramienta línea

Figura 6.2. Herramienta rectángulo

Figura 6.3. Herramienta elipse

Figura 6.4. Herramienta polígono

Haciendo un único clic en el lienzo, se abre un cuadro de diálogo en el que se pueden configurar la anchura, la altura, el número de lados del polígono y la profundidad de los vértices si lo que se desea realizar es una estrella.

Si se hace doble clic en el icono de la herramienta Línea se despliega el panel Trazo, para configurar las propiedades de la línea que se va a dibujar.

Se pueden crear líneas y formas en cuadrícula. Para esto, mientras se está dibujando la forma deseada, sin soltar el cursor, se pulsan las teclas de desplazamiento en el teclado, esto hará que se creen tantas formas como pulsaciones distribuidas según el desplazamiento del cursor.

6.2 TRAZADOS

Un trazado es una línea compuesta por uno o más segmentos rectos o curvos. Pueden abrirse, aquellos que tienen un punto inicial y uno final marcados; o cerrados, sin punto inicial ni final; y permiten crear otros objetos más complejos.

Los trazados se componen de puntos de ancla o nodos que pueden ser de vértice o suavizados, en el caso de crear curvas.

Existen tres tipos de trazados:

6.2.1 Trazados simples

Son la base de trazados y formas compuestos, consisten en un trazado abierto o cerrado que puede autoinsertado.

Mediante el panel Buscatrazos, o a través del menú Objeto > Trazados, se pueden conectar dos puntos de final de un trazado (Unir), abrir un trazado cerrado o cerrar uno abierto e invertir la dirección de un trazado.

6.2.2 Trazados compuestos

Constan de dos o más trazados simples que interactúan o se interceptan entre sí. Los trazados que forman parte de un trazado compuesto funcionan como un solo objeto compartiendo atributos y suelen emplearse para añadir huecos transparentes a un trazado, para añadir un degradado o un atributo que abarque varios trazados permitiendo que estos sean editables, o como consecuencia del comando Crear contornos, que convierte textos en trazados, para poder editar los huecos de los caracteres.

Cuando se crea un trazado compuesto todos los subtrazados heredan la configuración de trazo y relleno del objeto situado en el nivel inferior.

Para crear un trazado compuesto se deben seleccionar todos los trazados que se desea que interactúen y elegir la opción Crear trazado compuesto a través del menú Objeto > Trazados, o mediante el atajo de teclado Ctrl 8.

Para ejecutar la acción inversa y deshacer el trazado compuesto convirtiéndolo de nuevo en varios trazados simples se debe recurrir al menú Objeto > Trazados > Liberar trazado compuesto.

Ejercicio práctico "1.12.1 Crear un trazado compuesto con degradado" en la página 184.

6.2.3 Formas compuestas

Constan de dos o más trazados, marcos de texto, trazados compuestos, fusiones, grupos, contornos de texto u otras formas que interactúan o se interceptan entre sí para crear nuevas formas que son de carácter editable. Algunas aparecen como trazados compuestos, pero los trazados que la componen se pueden editar individualmente y no necesitan compartir atributos.

La creación de formas compuestas se lleva a cabo mediante el panel Buscatrazos que se muestra gracias al menú Ventana > Objeto y maquetación.

Con los objetos que se quieren combinar seleccionados, ya sea en estos marcos de texto trazados compuestos o simples u otras formas, se elige la opción deseada en el panel.

▶ Añadir: combina todos los objetos seleccionados en una sola forma si los objetos tienen atributos distintos la forma resultante adquiere los atributos del objeto que esté en la parte superior de la pila.

Figura 6.5. Añadir

▶ Restar: utiliza el objeto situado en la parte superior como molde para sustraer sus formas del objeto inferior.

Figura 6.6. Restar

▶ Formar intersección: combina todas las partes que se superponen de los objetos, creando una única forma, y elimina el resto.

Figura 6.7. Formar intersección

▶ Excluir superposición: es la acción inversa a la anterior, crea una forma a partir de las áreas no solapadas.

Figura 6.8. Excluir superposición

▶ Menos fondo: elimina los objetos situados más al fondo del objeto situado más al frente.

Figura 6.9. Menos fondo

Ejercicio práctico "1.12.2 Crear formas compuestas con la herramienta Buscatrazos" en la página 185.

6.3 CREAR CONTORNOS

En ocasiones se desea editar el texto de una forma que no es posible con la herramienta de texto estándar, para estos casos el comando Crear contornos es de gran utilidad. Gracias a él las letras se convierten en formas compuestas por puntos de ancla que se pueden editar.

Esta acción se puede llevar a cabo mediante el menú Texto > Crear contornos.

Ejercicio práctico "1.12.3 Crear contornos" en la página 186.

6.4 DIBUJOS A MANO ALZADA

Para crear dibujos a mano alzada en InDesign se utiliza la herramienta lápiz, que se puede encontrar en la barra de herramientas.

Esta herramienta permite crear trazados abiertos o cerrados y se utiliza principalmente para crear bocetos rápidos o dar aspecto de dibujo a mano. A medida que se avanza con el cursor se crean puntos de ancla que se pueden modificar una vez finalizado el dibujo. Los puntos de ancla se crean de forma automática según la longitud y complejidad del trazo aunque se puede configurar la tolerancia y el suavizado del trazo haciendo doble clic sobre el icono de la herramienta para abrir el cuadro de diálogo Preferencias de la herramienta lápiz.

Figura 6.10. Herramienta lápiz

La fidelidad controla la distancia entre los puntos de ancla del trazado cuanto mayor sea el valor más suave y menos complejo será el trazado cuanto menor sea el valor será mayor la coincidencia del trazado con el movimiento del puntero.

El suavizado también tiene responsabilidad sobre el número de puntos de ancla que se crearán en un trazado. Un valor más elevado creará menos nodos y líneas menos irregulares.

La casilla Mantener seleccionado determina si el trazo dibujado se conserva seleccionado después de dibujarlo.

La casilla editar trazos seleccionados determina si será posible continuar un trazado seleccionado al situar el puntero del cursor sobre su extremo de modo que el segmento agregado forme parte del trazado original. El valor siguiente medido en píxeles determina lo cerca que debe estar el cursor de un trazado para poder editarlo con la herramienta lápiz cuando la casilla editar trazos seleccionados está activa.

Como se ha indicado, esta herramienta también permite modificar la forma de los trazados seleccionando el trazado que se desea cambiar y arrastrando la herramienta sobre él mientras se dibuja la forma deseada.

6.5 EJERCICIOS PRÁCTICOS

6.5.1 Crear un trazado compuesto con degradado

Vamos a realizar un sencillo ejercicio para comprobar cómo funcionan los trazados compuestos.

Seleccionamos la herramienta elipse, clicamos y arrastramos el cursor sin soltar mientras pulsamos varias veces la tecla de desplazamiento hacia la derecha en el teclado. Esto nos creará tantas elipses como pulsaciones. Pulsamos la tecla. para que las elipses se conviertan en círculos, y soltamos el cursor.

Habremos obtenido una línea compuesta por una serie de círculos. Con todos ellos seleccionados, aplicamos un degradado como relleno, observaremos que el degradado se aplica de forma individual a cada círculo.

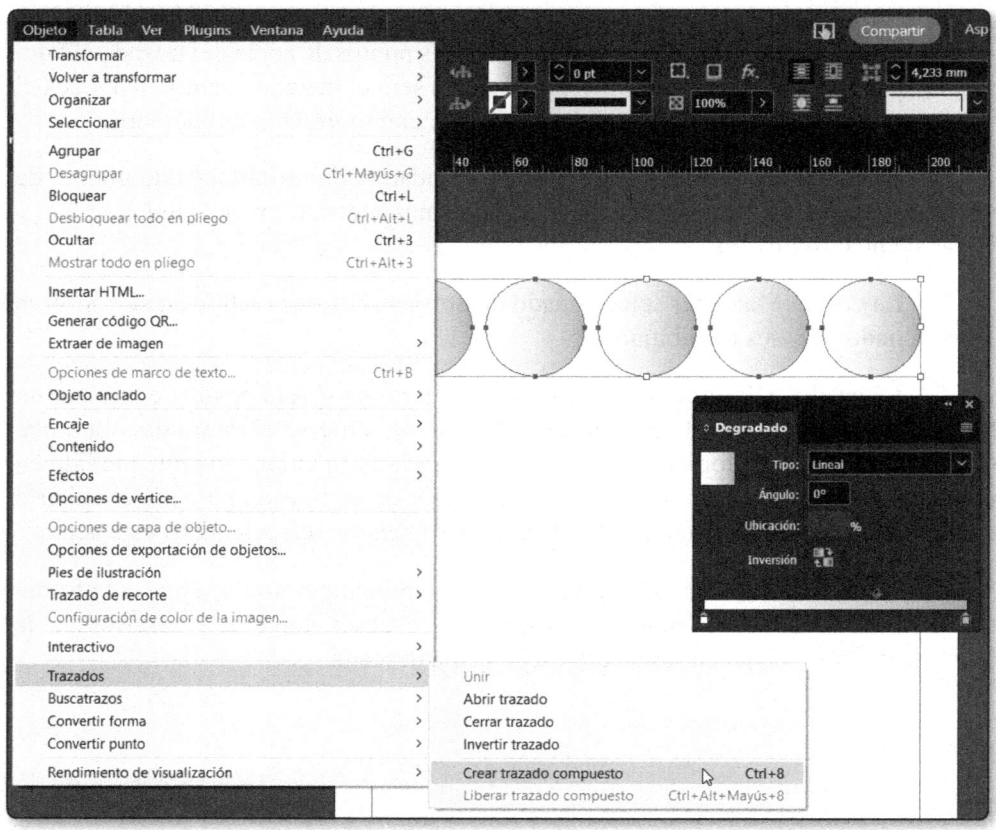

Continuamos con todos los círculos seleccionados y creamos un trazado compuesto a través del menú Objeto > Trazados > Crear trazado compuesto, o con el atajo de teclado Ctrl 8. Tal como se puede observar, el relleno se aplica ahora a los círculos como si fueran un único objeto.

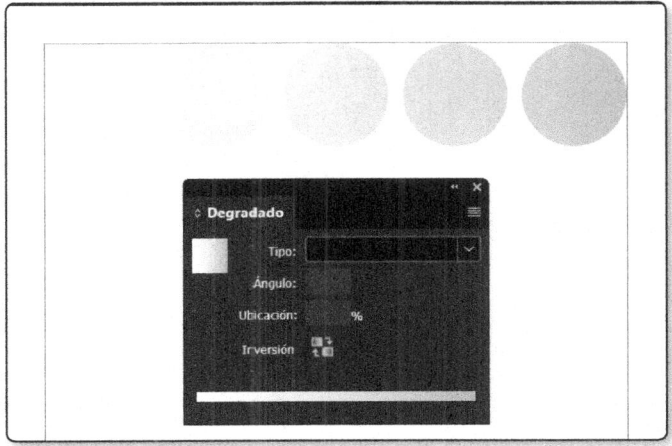

6.5.2 Crear formas compuestas con la herramienta Buscatrazos

En este ejercicio crearemos un trazado con forma de luna menguante que actúe como máscara de recorte de una imagen de un cielo estrellado.

Para esto, en primer lugar, crearemos dos círculos secantes entre sí.

Desplegamos el panel Buscatrazos a través del menú Ventana > Objeto y maquetación.

Seleccionamos los dos círculos y optamos por la función restar para que elimine el objeto situado más al frente del objeto situado más al fondo. Con esto habremos obtenido la forma de una luna menguante. Ahora tan solo nos queda colocar una imagen en su interior.

6.5.3 Crear contornos

Recuperaremos para esta práctica el ejercicio que realizamos anteriormente sobre la maquetación de un periódico.

Seleccionaremos el texto que introdujimos como nombre de nuestra publicación y a través del menú Texto > Crear contornos lo convertiremos en un trazado editable.

Con la herramienta de selección directa podemos mover los nodos y con las herramientas de pluma podemos añadir o sustraer puntos de ancla para modificar el trazado del texto a nuestra voluntad.

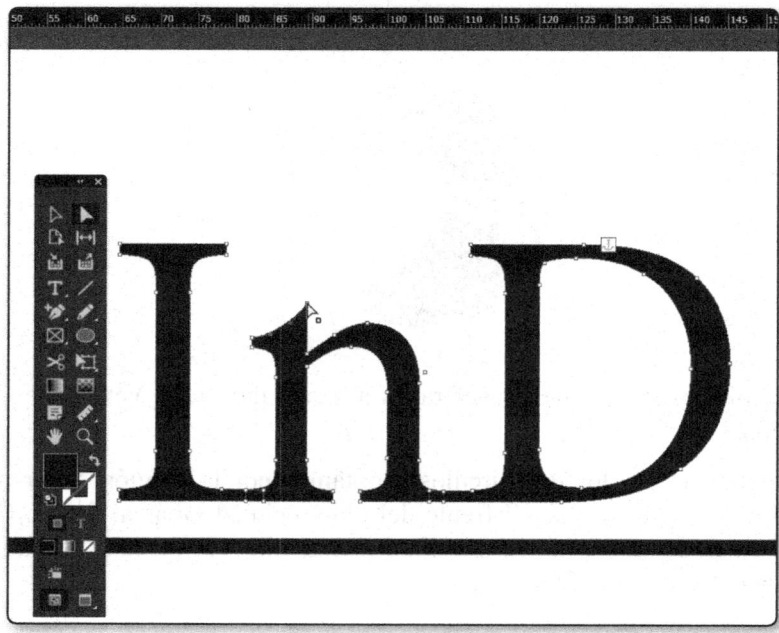

7

TRABAJAR CON OBJETOS

En Adobe InDesign se considera objeto a todo elemento que se crea o se añade en el documento: marcos de texto, trazados, formas, imágenes, etc.

7.1 ORDENAR Y AGRUPAR OBJETOS

Los objetos en InDesign se colocan en capas superpuestas. El orden de estas capas se puede modificar mediante el panel Capas, desplegando el listado correspondiente y arrastrando cada uno de los objetos a posiciones superiores o inferiores según se desee. También, es posible ordenar objetos haciendo clic con el botón secundario del ratón sobre estos para desplegar el menú contextual o en el menú Objeto, en ambos casos se deberá seleccionar la opción Organizar y elegir si se desea que el objeto en cuestión avance una posición al frente, retroceda una posición hacia detrás, se coloque en el lugar inferior de la pila o bien se coloque en el lugar superior de la pila.

Los objetos se pueden combinar en grupo para que se consideren como una sola unidad, de este modo se pueden mover o transformar sin alterar sus posiciones y atributos individuales. Estos grupos también pueden anidarse, es decir agruparse en subgrupos dentro de grupos más grandes.

A la hora de agrupar objetos, se sitúan todos de forma correlativa en la pila, tomando como referencia el que se encuentre en la parte superior, por tanto es posible que algunos objetos avancen posiciones hacia capas superiores de forma automática.

Para agrupar objetos, con los elementos que se desea agrupar seleccionados, se recurrirá al menú Objeto > Agrupar o bien se hará clic con el botón secundario del ratón para desplegar el menú contextual y seleccionar en este la opción Agrupar.

Los elementos individuales que forman parte de un grupo o un subgrupo anidado pueden resultar difíciles de seleccionar. Se puede recurrir a varias alternativas para seleccionar objetos individuales que se encuentren anidados o agrupados. Una de ellas es utilizar la herramienta de selección directa (página 24). Como alternativa se puede acudir al menú Objeto > Seleccionar, opción también disponible mediante el menú contextual que se despliega al hacer clic con el botón secundario del cursor sobre de los objetos en cuestión.

7.2 OBJETOS ANCLADOS

Cuando se coloca un objeto en un documento este se sitúa en una posición con respecto a la página. Si se desea que el objeto tome como referencia para establecer su posición un determinado texto, se debe anclar el objeto al texto. Un objeto anclado es, por tanto, aquel que se encuentra pegado en una determinada posición dentro de una cadena textual.

Cuando el modo de visualización permite mostrar los caracteres ocultos (página 144), los objetos anclados se señalizan mediante un pequeño icono con forma de ancla en la parte superior.

Para anclar un objeto dentro de un texto se debe ubicar el cursor en la posición deseada y colocar el objeto mediante el menú Archivo > Colocar. También, se puede anclar un objeto dentro de una cadena textual cortando y pegando este en el punto del texto elegido.

Para determinar la posición en la que se pegará el objeto dentro del texto se debe recurrir al cuadro de diálogo Opciones de objeto anclado que se muestra mediante el menú. Debe recurrir al cuadro de diálogo Opciones de objeto anclado que se muestra mediante el menú Objeto > Objeto anclado > Opciones, o bien desplegando el menú contextual al clicar con el botón derecho del cursor sobre el objeto anclado.

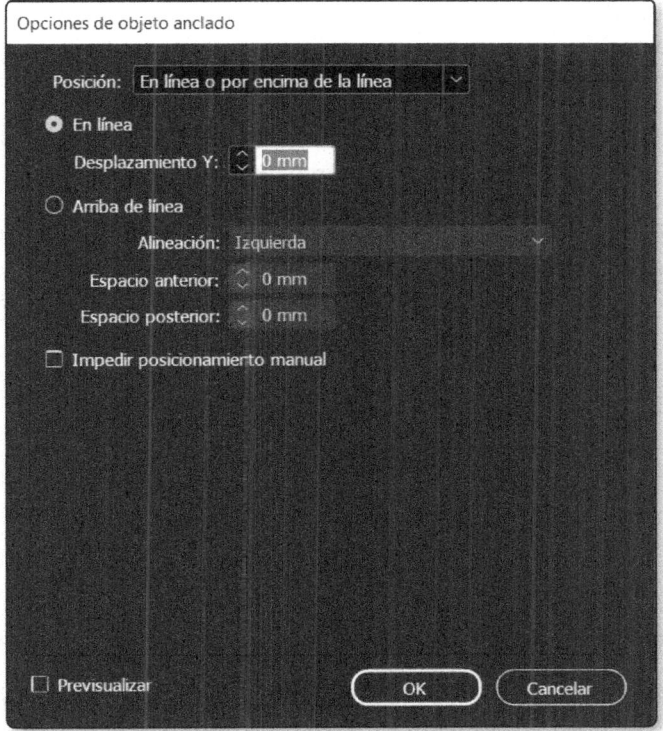

Figura 7.1. Opciones de objeto anclado

7.3 ALINEAR Y DISTRIBUIR

Para alinear de forma precisa los objetos y distribuirlos uniformememte en un determinado espacio se deberá recurrir al panel Alinear, que se muestra gracias al menú Ventana > Objeto y maquetación, o con el atajo de teclado F7.

El comando alinear coloca los objetos de una determinada forma en función uno del otro, de la página, los márgenes o del pliego. El elemento que se tomará como referencia para alinear el o los objetos seleccionados, se define en el campo Alinear con:

Figura 7.2. Alinear con:

Los objetos se pueden alinear respecto al borde derecho o izquierdo del elemento seleccionado como referencia, respecto a su centro horizontal o vertical, o respecto a su borde superior o inferior.

La alineación del texto no se ve modificada por las opciones escogidas en el panel Alinear, estas opciones afectan al marco de texto no a su contenido.

El comando Distribuir separa los elementos uniformemente de manera horizontal o vertical. Por defecto establece la misma distancia entre los centros de los objetos, para modificar este espacio se selecciona la casilla Usar espaciado y se define la distancia de separación.

Figura 7.3. Usar espaciado

7.4 EFECTOS

Se pueden aplicar efectos a cualquier objeto en el documento de InDesign para realzar los elementos gráficos.

Tanto los marcos, de texto o imagen, como las formas y los trazados, pueden tener efectos aplicados al objeto completo o al trazo y/o al relleno de forma independiente. Las imágenes que contienen los marcos, sin embargo, solo pueden tener efectos aplicados al contenido gráfico en sí. Los marcos de texto, además, pueden tener efectos aplicados en el propio texto.

A través del panel Efectos que se muestra gracias al menú Ventana se pueden aplicar, modificar y observar los efectos aplicados a cada uno de los objetos.

Con el objeto seleccionado, se ha de hacer doble clic en el elemento al que se le desea aplicar el efecto, ya sea este el relleno, el trazo, o el objeto completo, en el panel Efectos. Se abrirá un cuadro de diálogo en el que se puede elegir y ajustar el efecto deseado. Este cuadro de diálogo también se muestra en el apartado apariencia del panel Propiedades y en el menú Objeto > Efectos. Cada uno de los efectos de la lista que se muestra en el cuadro posee un conjunto de parámetros que permiten ajustar el resultado final.

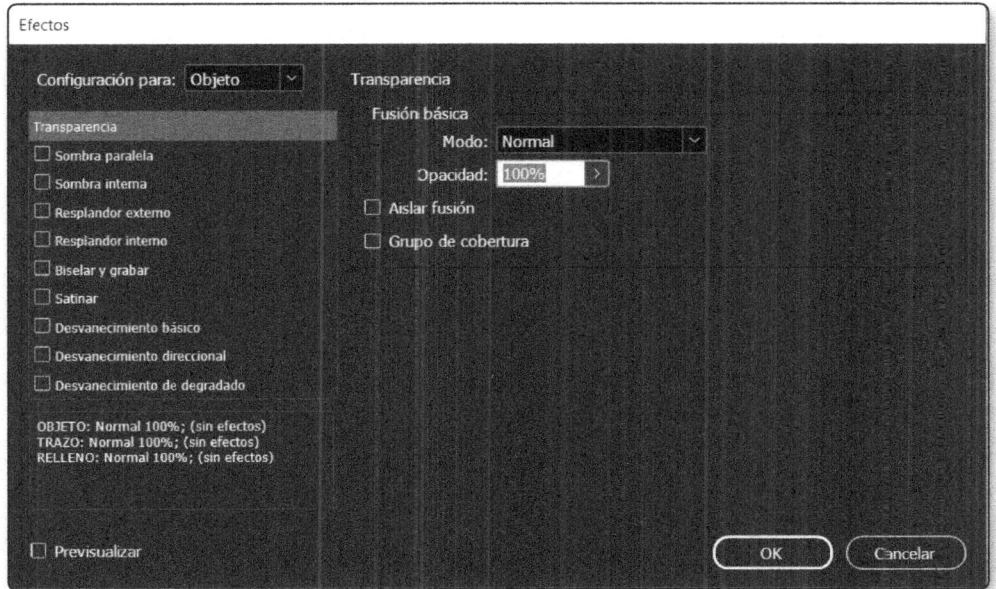

Figura 7.4. Efectos

A través del panel Efectos también se puede ajustar la opacidad y el modo de fusión del objeto con respecto a la capa inferior.

La casilla Aislar fusión aplica un modo de fusión a un grupo seleccionado de objetos.

La casilla Grupo de cobertura hace que la opacidad y modo de fusión de los objetos de un grupo determinado no permitan la visualización de los objetos subyacentes al grupo.

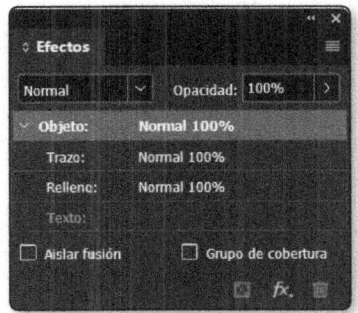

Figura 7.5. Panel Efectos

7.5 ESTILOS DE OBJETO

Se pueden utilizar estilos de objeto para formatear gráficos y marcos, del mismo modo que se usan estilos de párrafo y carácter para formatear el texto de forma eficaz.

Un estilo puede borrar y reemplazar todas las configuraciones del objeto en cuestión o puede reemplazar solo configuraciones específicas, dejando otras sin cambios, según se incluyan o excluyan al definir el estilo.

Se puede basar un estilo de objeto en otro, como sucedía al crear una página principal basada en otra (página 70), cuando cambia el estilo primigenio, cualquier atributo compartido que se modifique también cambiará en el estilo que se originó a partir de él.

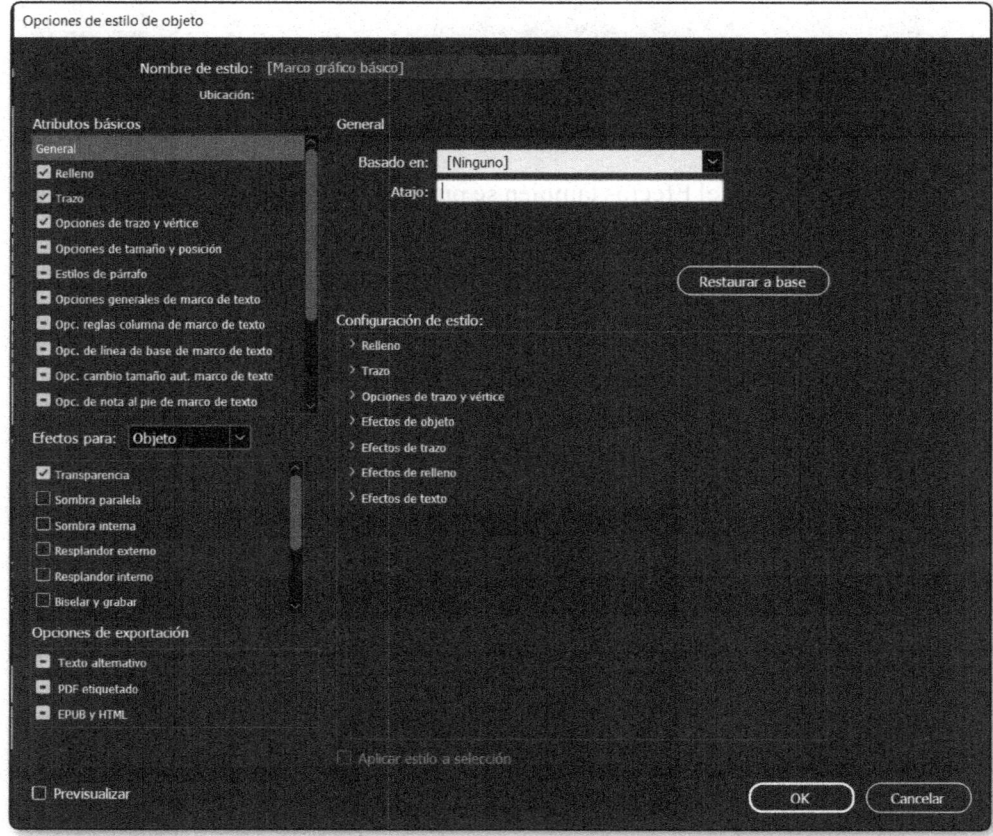

Figura 7.6. Opciones de estilo de objeto

Para trabajar con los estilos de objeto se utiliza el panel Estilos de objeto, que se muestra a través del menú Ventana > Estilos > Estilos de objeto, o con el atajo de teclado Ctrl F7. Al abrir este panel, se puede observar que por defecto hay creados una serie de estilos (Ninguno, Marco gráfico básico y Marco de texto básico). Para editarlos bastará con hacer doble clic sobre ellos y se abrirá el cuadro de diálogo Opciones de estilo de objeto.

Para crear un estilo nuevo o eliminar uno existente se recurrirá, bien a la barra inferior del panel, bien al menú de este. Si al momento de crear un estilo nuevo se tiene seleccionado un objeto, el nuevo estilo se creará con los parámetros que defina dicho objeto, ya sea trazo, relleno, efectos aplicados, etc.

8

TABLAS

Las tablas son la forma más eficiente y visual de comunicar y organizar información que sería más compleja de explicar en un texto redactado.

Se trata de objetos que se pueden incorporar dentro del documento y se componen de filas, columnas y celdas: cada uno de los campos rectangulares de los que se compone una tabla se denomina celda, una fila es un conjunto de celdas horizontales y una columna es un conjunto de celdas verticales.

Las tablas se comportan en el documento como un gráfico integrado.

8.1 CREACIÓN DE TABLAS

Se puede crear una tabla partiendo de cero o a partir de texto ya existente, también se puede insertar una tabla dentro de otra.

Se puede crear una tabla directamente en el documento e InDesign constituirá un marco de texto alrededor, o crear el marco e insertar la tabla en su interior. Según el caso el menú Tabla mostrará la opción Crear tabla o Insertar tabla respectivamente.

En el cuadro de diálogo emergente se deben especificar el número de filas y columnas deseadas.

La tabla se insertará automáticamente en el marco de texto seleccionado. Si no se ha seleccionado ningún marco y se está creando la tabla se deberá usar el cursor para dibujar la tabla en el documento e InDesign creará un marco de texto a su alrededor.

Para convertir un texto en una tabla se debe definir el texto de forma correcta para indicar que campos deben pertenecer a cada celda y cómo deben distribuirse estas.

Tras seleccionar el texto que se desea convertir se ha de escoger la opción Convertir texto a tabla del menú Tabla.

En la ventana emergente se debe indicar qué elementos se ha utilizado como separador de columnas y cuál como separador de filas. Se pueden separar columnas y filas mediante espacios de tabulación, mediante comas o mediante saltos de párrafo.

Para insertar una tabla dentro de otra bastará con seleccionar la tabla que hará de contenido y pegarla en la celda que ejercerá de continente.

Ejercicio práctico"1.15.1 Crear tabla" en la página 197.

8.2 ENCABEZADOS Y PIES DE PÁGINA DE TABLAS

Opcionalmente se pueden añadir a las tablas una fila de encabezado y una fila de pie de tabla. Estas filas, en el caso de tablas largas que se extienden en varias páginas o columnas, se replicarán al principio y/o al final de cada parte de la tabla. En el menú Tabla > Opciones de tabla encabezados y pies de página se pueden seleccionar distintas alternativas de repetición del encabezado y/o el pie de página.

En el cuadro de diálogo en el que se configura la creación de la tabla se pueden seleccionar el número de filas de encabezado y de pie que tendrá la tabla.

Si se tiene una tabla creada y se quiere modificar una fila para convertirla en encabezado o pie, se puede hacer mediante el menú Tabla > Convertir filas y en el desplegable elegir A encabezado o A pie de página según se desee. A través de esta misma ruta se puede convertir un encabezado o pie en texto simple, seleccionando A texto.

8.3 ESTILO DE TABLAS

Un estilo de tabla es una colección de atributos que dan formato a la tabla, entre estos atributos se encuentran los bordes de la tabla, los contornos de las filas y columnas, así como los márgenes o los rellenos.

De forma predeterminada InDesign incluye un estilo de tabla llamado tabla básica, que es editable pero no renombrable ni suprimible. El listado de estilos de tablas se puede visualizar gracias al menú Ventana > Estilos > Estilos de tabla.

Mediante los estilos de tablas se puede especificar qué estilos de celda se desean aplicar a las distintas áreas de la tabla y a las filas de pie y encabezado.

Ejercicio práctico "1.15.2 Aplicar estilo de tabla" en la página 198.

8.4 EJERCICIOS PRÁCTICOS

8.4.1 Crear tabla

Tomando como punto de partida el ejercicio anterior en el que configuramos una lista tabulada a la que después añadimos viñetas, vamos a crear una tabla.

Seleccionamos el texto tal cual lo dejamos en el último ejercicio.

En el menú Tabla indicamos que deseamos convertir texto a tabla.

Indicamos en el cuadro de diálogo que deseamos que tome como separador de columnas la tabulación y como separador de filas, el párrafo.

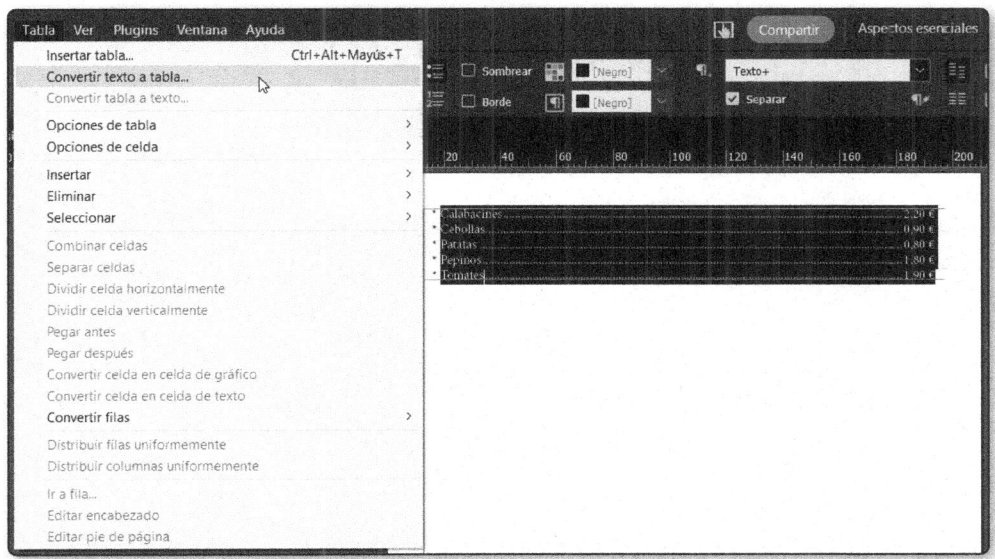

Es posible que haya celdas cuyo tamaño sea insuficiente y se desborde el texto de su interior. Podemos ajustarla de forma manual cuando acercamos el cursor a la línea de celda que hay que modificar y aparece el siguiente cursor:

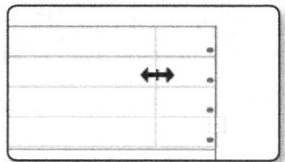

También, podemos seleccionar la columna a la que queremos cambiar el tamaño y a través del menú Tabla > Opciones de celda > Filas y columnas modificar el ancho de la columna.

8.4.2 Aplicar estilo de tabla

En este ejercicio vamos a aplicar a nuestra tabla un estilo de tabla. Para ello comenzaremos creando los estilos de párrafo que aplicaremos a cada una de las celdas. En este caso vamos a crear un estilo para el encabezado, otro para la columna derecha y otro para la columna izquierda.

A continuación desplegamos el panel Estilos de celda a través del menú Ventana > Estilos, y creamos en este panel los estilos de celda.

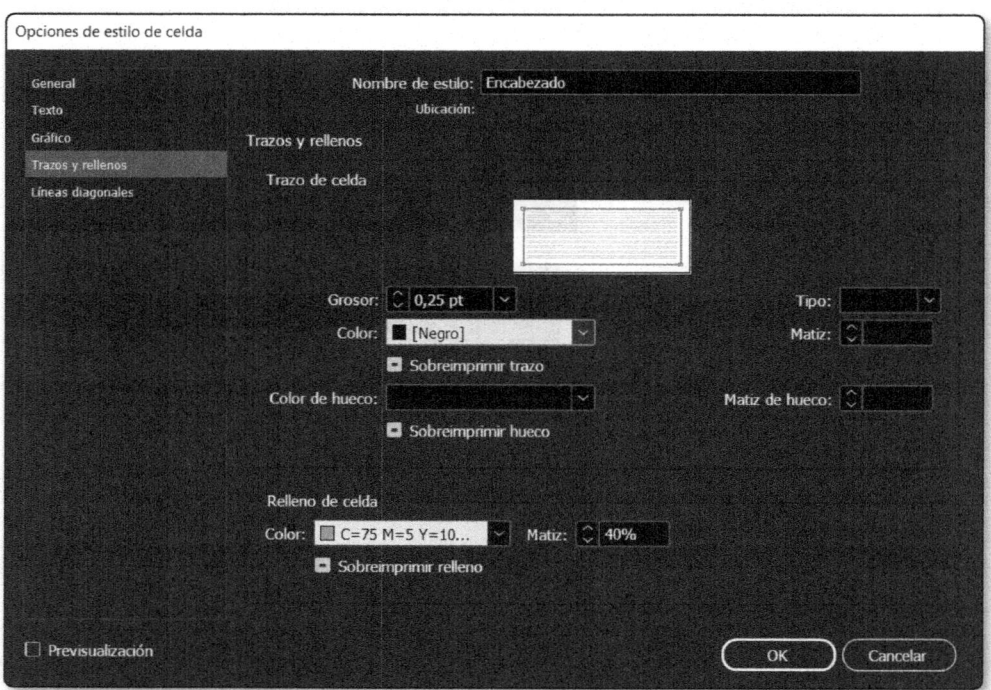

Es importante asegurarse de anidar los estilos de párrafo que hemos creado con cada uno de los estilos de celda correspondientes.

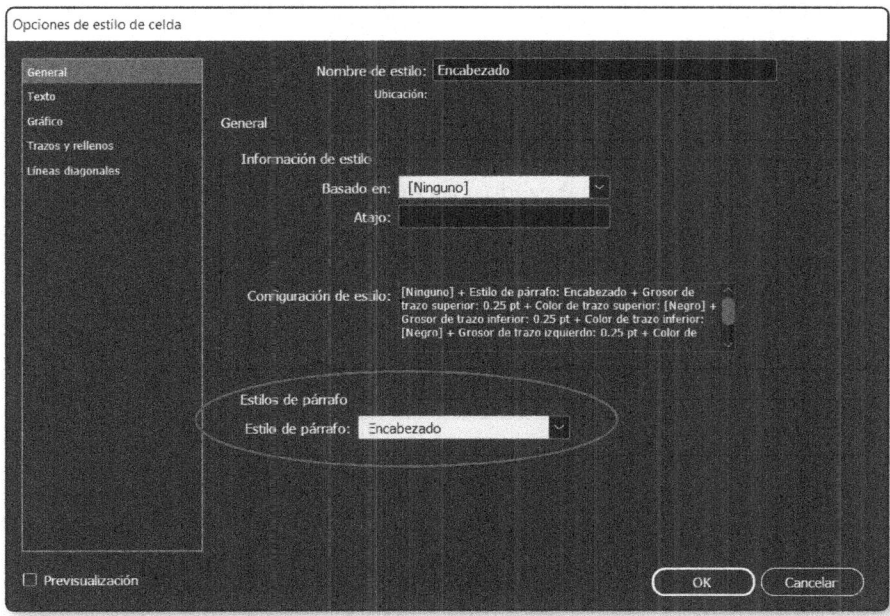

Desplegamos ahora el panel Estilos de tabla. Creamos un estilo nuevo y vinculamos en la sección inferior Estilos de celda, cada uno de los estilos de celda que establecimos con anterioridad.

Ahora tan solo hay que seleccionar la tabla con la herramienta Texto y aplicar el estilo de tabla creado.

Sólo se aplicarán los estilos de las columnas derecha e izquierda, puesto que la tabla concebida carece de encabezado.

Podemos añadir un encabezado, con la tabla seleccionada, a través del menú Tabla opciones de tabla encabezados y pies de página, indicando en el campo filas de encabezado el número de filas que deseamos añadir en la parte superior.

Al agregar una fila de encabezado veremos cómo se aplica el estilo que le habíamos asignado.

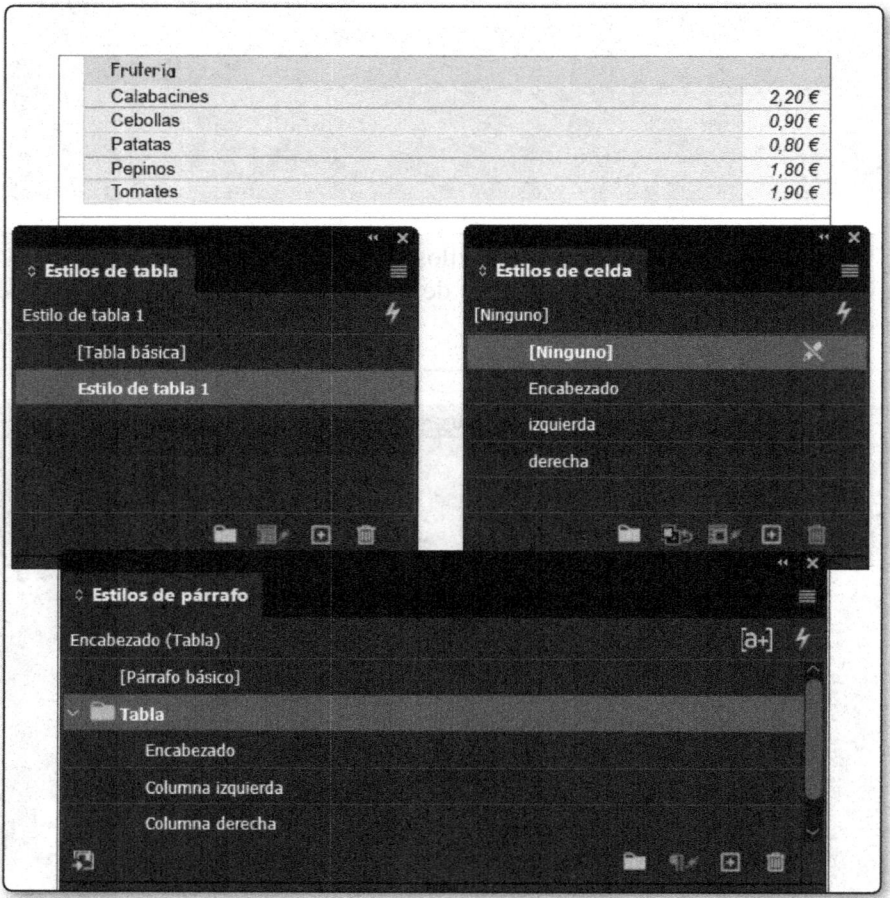

9

LIBROS

Los archivos de libro permiten compilar documentos independientes de InDesign de forma que estos puedan compartir estilos, páginas principales, muestras de color y otros elementos. Los documentos que componen un libro se pueden paginar de forma secuencial y se pueden imprimir o exportar a PDF en parte o en su totalidad. Un mismo documento puede pertenecer a varios archivos de libro.

El archivo de libro, con extensión .indb, actúa como panel de Control de los documentos que incluye, los agrupa y sincroniza. En el caso de eliminar el archivo de libro tan solo se perdería la sincronización de los documentos contenidos, no los documentos en sí.

9.1 CREAR ARCHIVO DE LIBRO

Mediante el menú Archivo > Nuevo se selecciona la opción Libro, y se indica la ubicación en la que se guardará el archivo. Se abrirá entonces un panel con el nombre que se le haya dado al archivo. A través del menú situado en la esquina superior derecha de este panel se añaden documentos al archivo de libro, que se ordenarán de forma alfabética. Si se desea cambiar el orden en el que los archivos se muestran en el listado basta con pinchar sobre ellos y arrastrarlos para recolocarlos.

9.2 TRABAJAR CON UN ARCHIVO DE LIBRO

Si se desea modificar uno de los documentos que componen el libro, al hacer doble clic sobre el nombre de este en el listado que se muestra en el panel se abrirá el documento en cuestión.

Tanto en el menú del panel como en la barra inferior de este se encuentran opciones para añadir o quitar documentos al libro, así como para guardar el archivo.

Los archivos del libro son independientes de los documentos, cuando se guardan cambios en un libro no se guardan los cambios que se hayan efectuado en los documentos que contiene.

Al añadir documentos al archivo de libro, se observa en el listado del panel un icono a la izquierda de uno de ellos. Este icono indica que ese documento es el documento de Origen de estilo, y será el que marque las muestras de color y los estilos. Al sincronizar el libro o los documentos seleccionados, se tomará como referencia aquel documento del listado al que se le haya asignado la función de origen de estilo, por lo tanto cualquier estilo que no exista en los documentos o que comparta nombre aún sin tener las mismas cualidades, se tornará similar al que marque el documento de origen de estilo. Se copiarán, por tanto, desde el origen de estilo los documentos especificados en el libro y sustituirán todos los aquellos que tengan el mismo nombre, si los elementos del origen de estilo no se encuentran en el o los documentos que se están sincronizando se añadirán a estos.

10

OTRAS UTILIDADES INTERESANTES DE INDESIGN

10.1 BUSCAR/CAMBIAR

A través del menú Edición > Buscar/Cambiar o con el atajo de teclado Ctrl F se puede abrir un cuadro de diálogo que permite buscar y reemplazar elementos en el documento.

Se puede buscar hacia adelante o hacia atrás en el documento según se seleccione la casilla correspondiente en el campo Dirección.

El botón Buscar (siguiente o anterior), localizará el texto especificado. El botón cambiar, tornará el texto localizado por el introducido en el campo Cambiar a. El botón Cambiar todo, modificará todas las búsquedas localizadas.

Este cuadro de diálogo contiene cinco pestañas para especificar el elemento que se desea localizar.

10.1.1 Texto

Para buscar grupos de caracteres palabras grupos de palabras textos con un formato determinado o caracteres especiales como símbolos o marcadores, se utiliza la pestaña Texto.

En ella se introduce en el primer campo el texto que se desea buscar. El icono de caracteres especiales para la búsqueda situado al lado del campo buscar ayuda a ampliar el rango de búsqueda.

En el campo Cambiar a se escribe el texto de sustitución. También, se puede dejar en blanco si no se quiere cambiar el texto y lo único que se desea es localizar un determinado conjunto de caracteres.

En el desplegable Buscar en se puede seleccionar si se desea explorar en el documento actual o en todos los documentos abiertos.

Con los iconos siguientes se puede especificar si se desea realizar la búsqueda incluyendo las capas, objetos o artículos bloqueados u ocultos, si se desea incluir las páginas principales, las notas a pie de página, los caracteres en mayúscula y minúscula, o si lo que se quiere es buscar la palabra completa ignorando los caracteres de búsquedas y forman parte de otra palabra.

Los campos situados en la parte baja del cuadro de diálogo permiten especificar la búsqueda de texto formateado y cambiar el resultado por otro texto formateado.

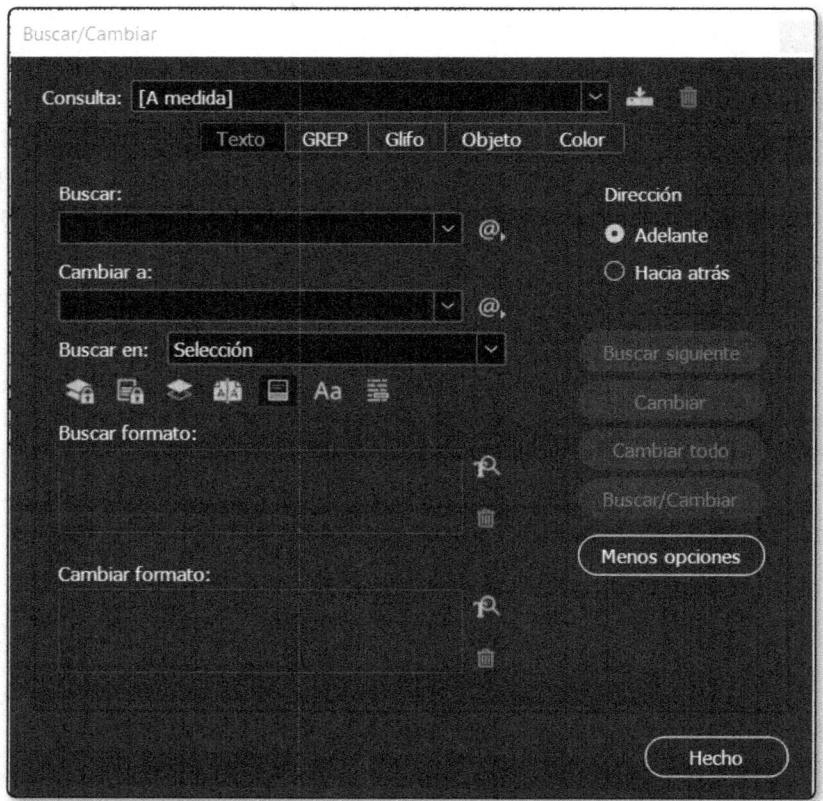

Figura 10.1. Buscar/Cambiar, pestaña Texto

10.1.2 GREP

GREP es una herramienta para realizar búsqueda y reemplazo de patrones de texto en cualquier aplicación.

La pestaña GREP incluye búsquedas con metacaracteres, permitiendo una búsqueda más exhaustiva que incluya patrones como la ubicación del elemento que se desea localizar o su repetición en el documento.

Ejercicio práctico "1.18.1 Búsqueda Grep" en la página 209.

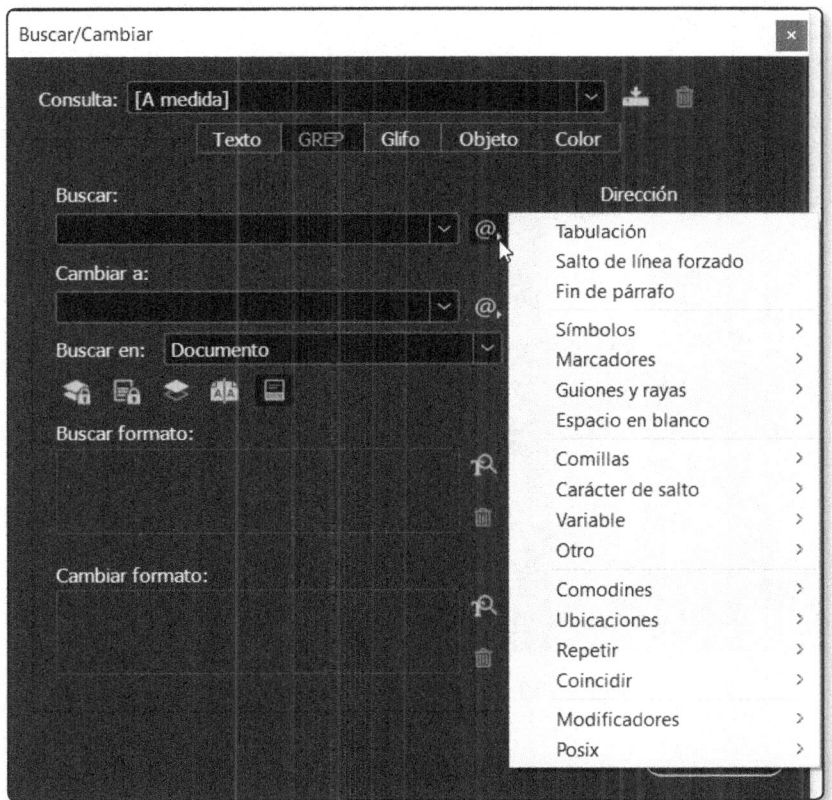

Figura 10.2. Buscar/Cambiar, pestaña GREP

10.1.3 Glifo

Permite buscar y cambiar pictogramas o glifos. Su funcionamiento es similar al de la pestaña texto, pero introduciendo glifos en la búsqueda en lugar de cadenas de caracteres.

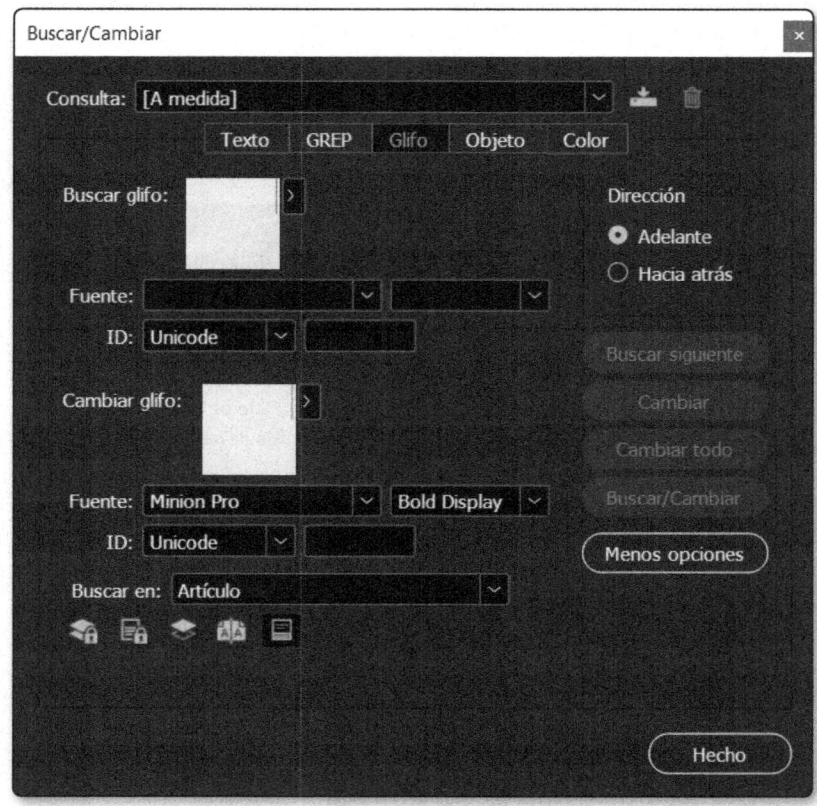

Figura 10.3. Buscar/Cambiar, pestaña glifo

10.1.4 Objeto

La pestaña objeto, permite buscar elementos basándose en sus atributos o efectos y cambiar el formato de los objetos localizados por otro que se defina.

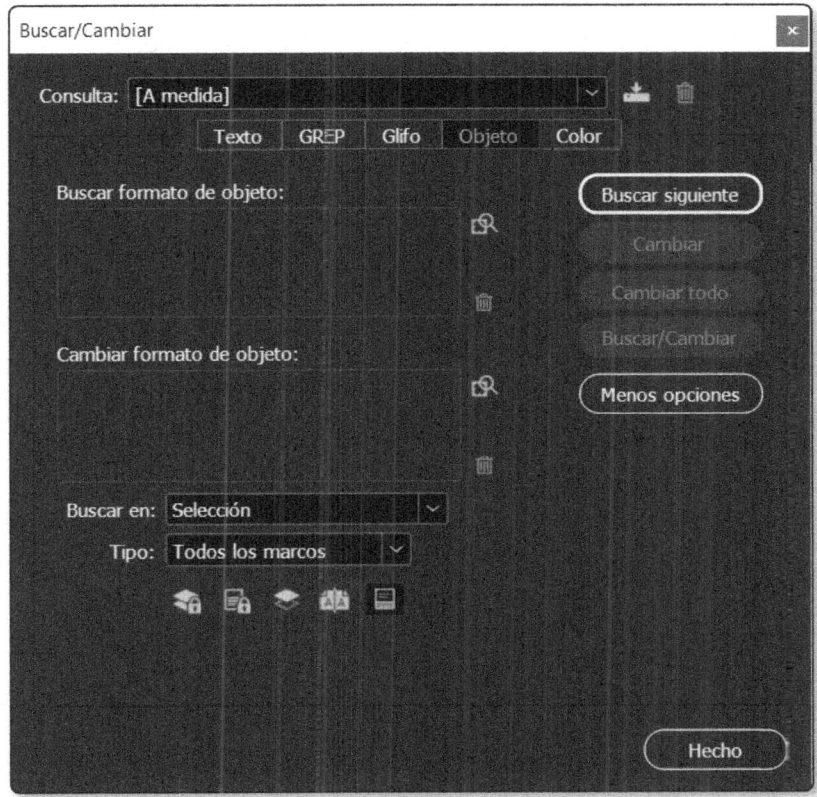

Figura 10.4. Buscar/Cambiar, pestaña objeto

10.1.5 Color

La pestaña color permite buscar y sustituir unos colores por otros de entre los guardados como muestras, y especificar tanto los parámetros de búsqueda como en los de sustitución la cantidad de tinte o matiz aplicada. Esta función también está accesible desde el menú del panel Muestras eligiendo la opción Buscar este color, o desde el menú contextual que se muestra haciendo clic con el botón secundario del ratón sobre el color elegido.

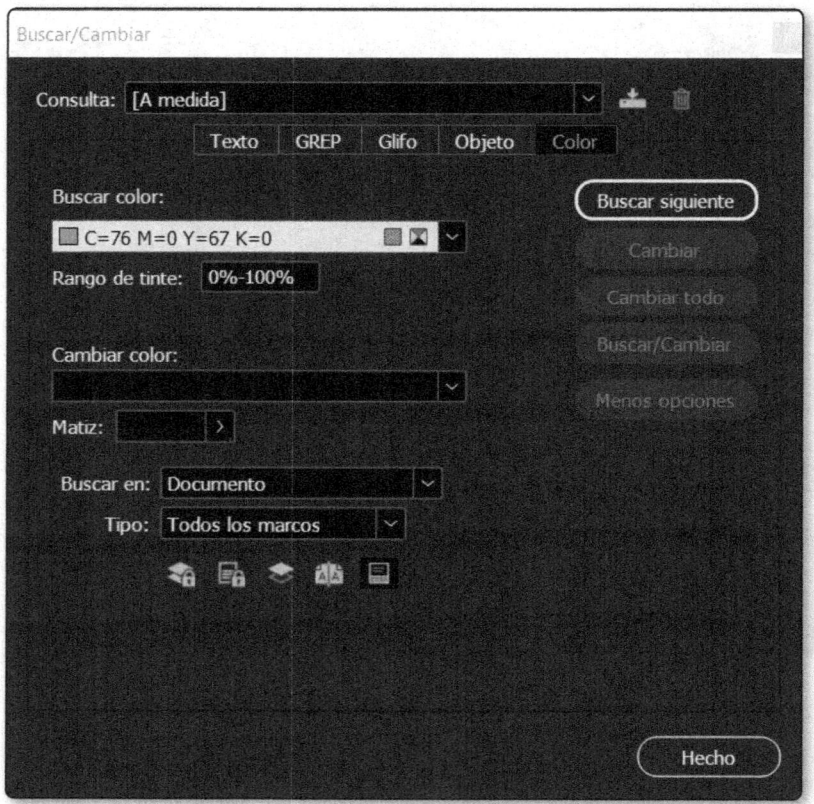

Figura 10.5. Buscar/Cambiar, pestaña color

10.2 HERRAMIENTA MEDICIÓN

Esta herramienta resulta de gran utilidad para aquellos documentos en los que se necesitan tener en cuenta de forma precisa las dimensiones.

Figura 10.6. Herramienta medición

La herramienta medición se encuentra agrupada junto con el cuentagotas y para un uso óptimo es importante desplegar como complemento el panel Información (Ventana > Información o F8).

Al ejecutar la herramienta sobre el documento, aparecerá la información de la medición realizada en el panel Información.

D1 indica la distancia entre el punto de origen y el punto de final de la línea trazada por la herramienta.

El icono de ángulo señala los grados de inclinación de esta línea.

Al acercar la herramienta de medición a una línea de medida ya trazada se puede observar cómo aparece un icono + el lugar de la flecha de cursor esto indica que la línea se puede mover o esto indica que la línea se puede desplazar o se puede mover su punto inicial o final.

10.3 EJERCICIOS PRÁCTICOS

10.3.1 Búsqueda Grep

Vamos a realizar un sencillo ejercicio de búsqueda basado en GREP, tomando nuevamente como muestra el primer párrafo de El Quijote:

En un lugar de la Mancha, de cuyo nombre no quiero acordarme, no ha mucho tiempo que vivía un hidalgo de los de lanza en astillero, adarga antigua, rocín flaco y galgo corredor. Una olla de algo más vaca que carnero, salpicón las más noches, duelos y quebrantos los sábados, lentejas los viernes, algún palomino de añadidura los domingos, consumían las tres partes de su hacienda. El resto de ella concluían sayo de velarte, calzas de velludo para las fiestas, con sus pantuflos de lo mismo, y los días de entresemana se honraba con su vellorí de lo más fino. Tenía en su casa una ama que pasaba de los cuarenta y una sobrina que no llegaba a los veinte, y un mozo de campo y plaza que así ensillaba el rocín como tomaba la podadera. Frisaba la edad de nuestro hidalgo con los cincuenta años. Era de complexión recia, seco de carnes, enjuto de rostro, gran madrugador y amigo de la caza. Quieren decir que tenía el sobrenombre de «Quijada», o «Quesada», que en esto hay alguna diferencia en los autores que de este caso escriben, aunque por conjeturas verisímiles II se deja entender que se llamaba «Quijana»III, Pero esto importa poco a nuestro cuento: basta que en la narración del no se salga un punto de la verdad.

Abrimos el cuadro de diálogo Buscar/Cambiar y seleccionamos la pestaña GREP. En el icono para seleccionar los caracteres especiales para la búsqueda desplegamos las opciones del campo Ubicaciones y seleccionamos Inicio de palabra.

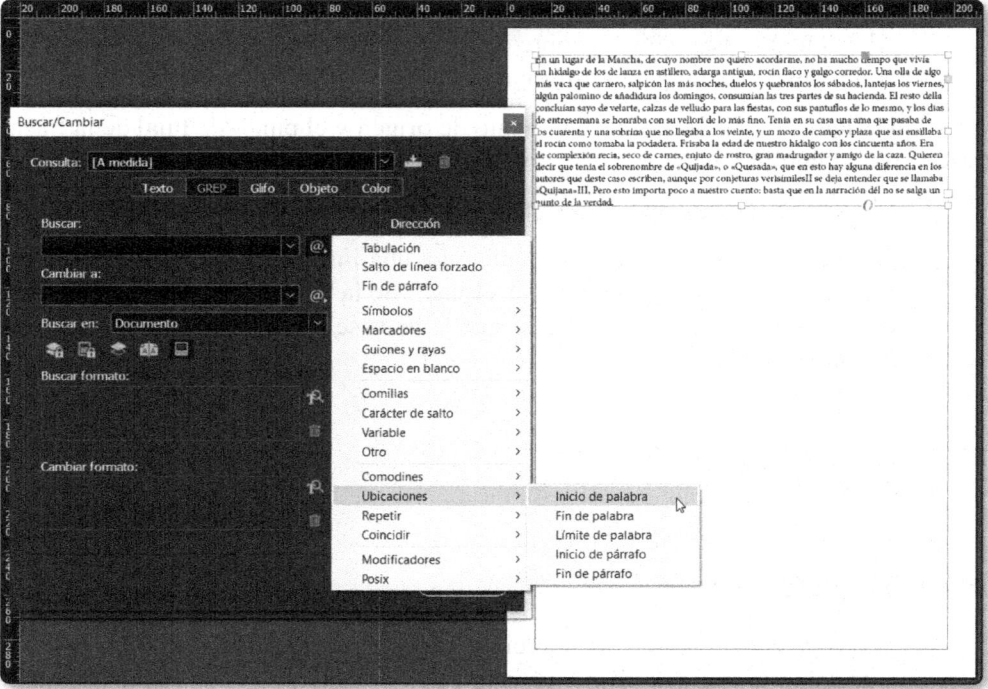

Introducimos a continuación en el campo Buscar la palabra no.

Este comando localizará todas aquellas palabras que comiencen por "no", descartando, por tanto, todas aquellas en las que estas dos letras se encuentren en medio o al final de la palabra. Así podemos observar que al realizar la búsqueda esta función localiza como resultado la palabra "noches" pero no así la palabra "palomino".

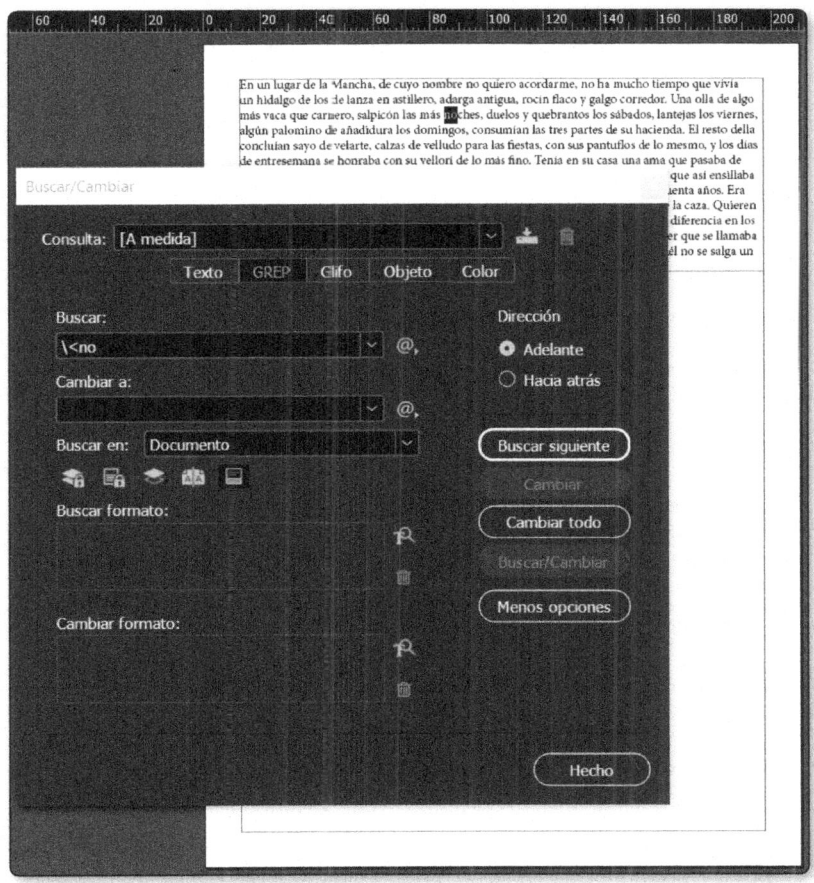

Anexo

PRÁCTICAS FINALES

Vamos a poner en práctica de forma global los conocimientos adquiridos a lo largo de este libro por medio de dos prácticas en la que se combinarán diferentes funciones y herramientas.

MAQUETACIÓN DE UN TRÍPTICO

En un ejercicio anterior creamos un documento para la realización de un tríptico. Vamos a recuperarlo y a maquetarlo aplicando lo aprendido.

En primer lugar, ya que se trata de un documento para impresión, deberemos añadirle un espacio de sangrado. Para lo cual nos dirigimos al menú Archivo > Ajustar documento e indicamos un sangrado de 3 milímetros por cada lado del documento en las casillas correspondientes.

Colocamos la imagen deseada, en este caso procedente de Adobe stock y la encajamos en el marco de imagen. Insertamos también el texto de la portada y le damos formato. En este caso hemos añadido un filete de párrafo bajo el título con una sangría a la izquierda para alinearlo al texto.

A continuación creamos un cuadrado con la herramienta rectángulo y la tecla pulsada. Lo giramos 45°, bien a través del panel Propiedades, o bien de forma manual manteniendo la tecla pulsada para que gire la forma de 45 en 45 grados.

Le aplicamos un relleno de un tono rojo seleccionado de la imagen con el cuentagotas.

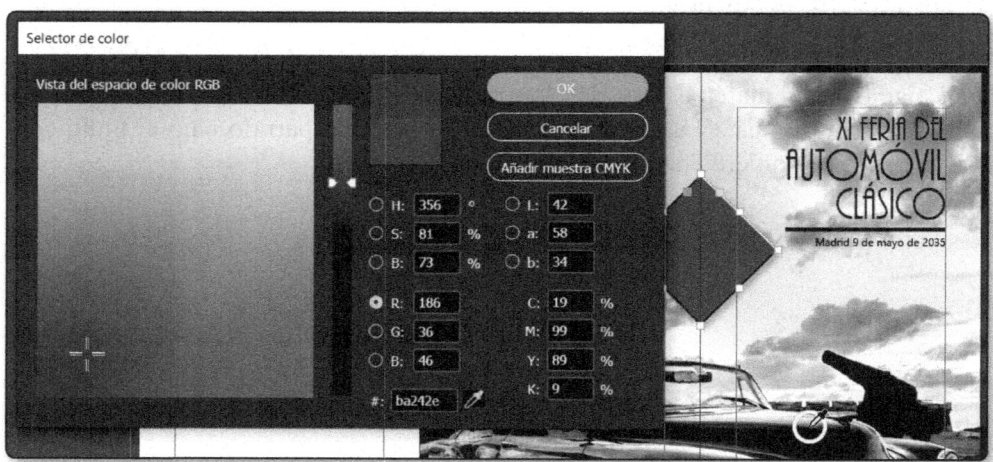

Aplicamos también un trazo con un degradado. Y añadimos un efecto de sombra paralela a través del panel Efectos o bien a través del icono correspondiente en el panel Propiedades.

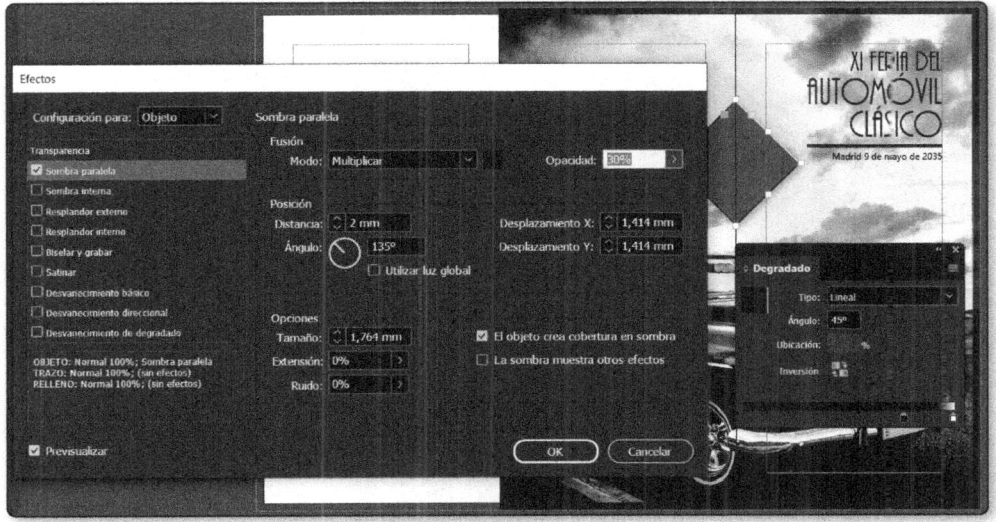

Duplicamos la forma, la movemos y la escalamos para aumentar su tamaño.

Volvemos a duplicarla y escalamos su tamaño para aumentarlo aún más, esto podemos realizarlo manualmente arrastrando con el cursor con la tecla pulsada para mantener las proporciones, o bien a través del panel Propiedades aumentando el porcentaje en escala X e Y en el apartado Transformar.

Seleccionamos la forma de mayor tamaño y modificamos su relleno para que sea transparente.

Añadimos una forma rectangular del mismo tono rojo, que hemos debido guardar como muestra para facilitar el trabajo. El rectángulo se situará en la superficie en la pila de objetos, como queremos colocarlo como fondo seleccionaremos la forma y a través del menú Objeto > Organizar o bien mostrando el menú contextual del objeto, indicamos que deseamos Enviar detrás.

Nótese que estamos extendiendo todos los fondos hasta los bordes de la marca de sangrado.

Insertamos un marco de texto que ocupe todo el espacio disponible dentro de los márgenes de la página situada a la izquierda. Como podremos comprobar, la lectura del texto se dificulta por las formas que hemos creado en el paso anterior.

Vamos entonces a utilizar la herramienta de ceñido de texto. Seleccionamos la forma de mayor tamaño e indicamos que deseamos aplicar un ceñido alrededor de forma de objeto, con un margen en este caso de 3 milímetros.

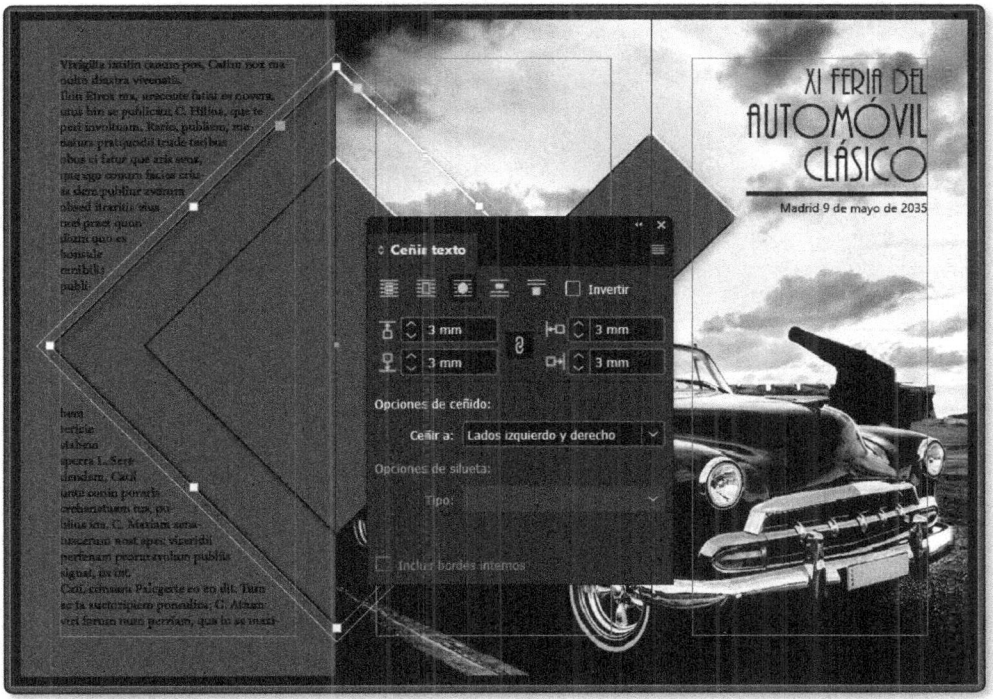

Damos formato al texto. Como puede observarse hemos incluido una capitular que se extiende a lo alto cinco líneas.

Añadimos también un objeto que hará las funciones de logo.

Creamos un trazado dentro del logo e insertamos un texto sobre él. Ajustamos el texto sobre el trazado y le damos formato.

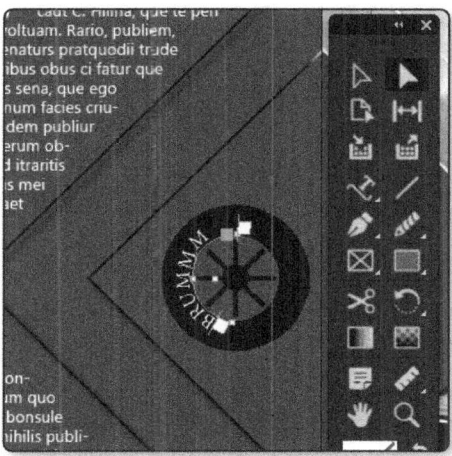

Por último, añadimos los elementos que consideremos apropiados para terminar de dar forma a nuestro tríptico, en este caso algo de texto en la página central.

MAQUETAR EL ÍNDICE DE UNA REVISTA

Creamos un documento tamaño A4. Nuevamente vamos a realizar un ejercicio cuya finalidad es la de llegar a imprenta por lo tanto habrá de tener presente que hay que incluir un sangrado.

En el menú del panel Páginas nos aseguramos de tener seleccionada la casilla Permitir reorganización de pliego seleccionado, arrastramos entonces la página principal A hacia la primera página del documento, cuando observemos que el icono cambia como en la siguiente imagen soltamos el cursor. Se creará así un documento tamaño A4 con dos páginas enfrentadas.

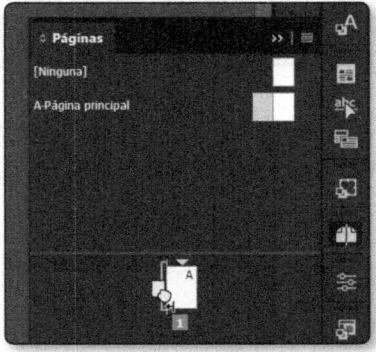

Insertamos una imagen en el documento, procedente de Adobe Stock en este caso, ajustamos su tamaño y la encajamos en el marco de imagen si es preciso. Alineamos la imagen al centro vertical de la página ayudándonos de la herramienta Alinear.

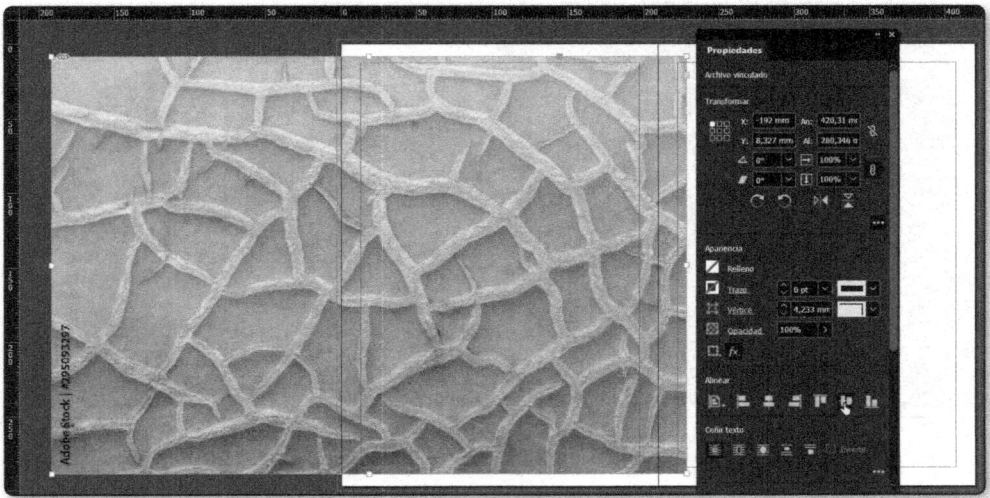

Queremos convertir la imagen que hemos colocado a escala de grises, pero imaginemos que no disponemos de ningún programa de edición de imagen para realizarlo.

Creamos un rectángulo de color negro sobre la imagen, de las mismas dimensiones que esta. Ahora vamos a abrir el panel Efectos y a jugar con los modos de fusión. Si seleccionamos Tono, Saturación o Color, veremos como la imagen torna a escala de grises.

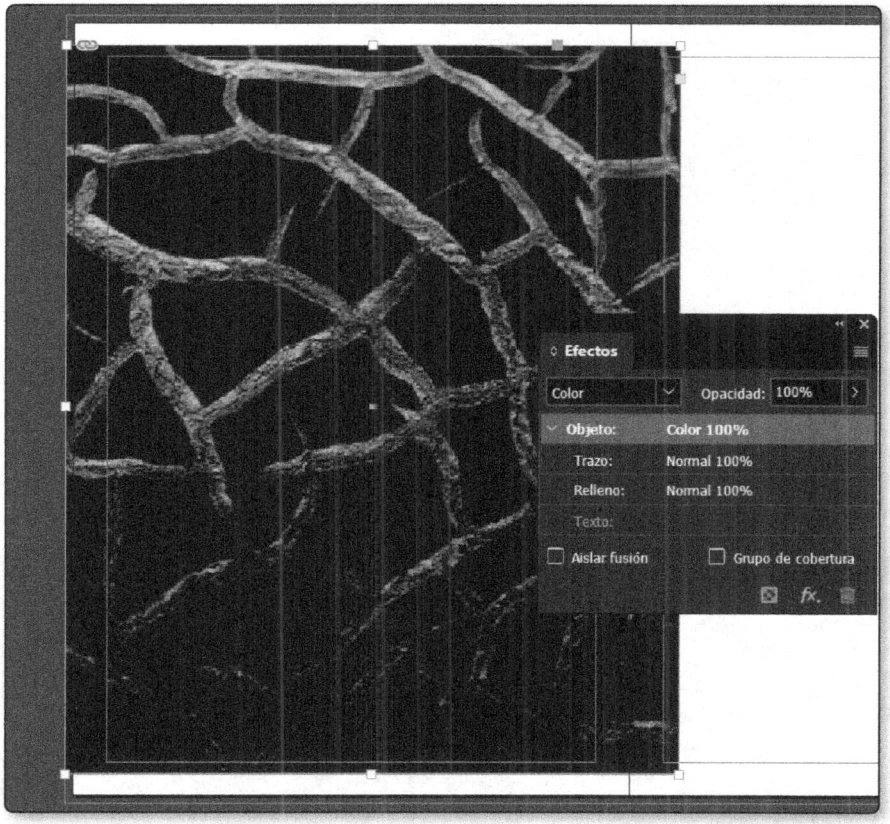

Añadimos nuevamente la imagen esta vez conservando el color original e insertamos el nombre de nuestra revista. En este caso hemos creado un estilo de párrafo con un filete inferior de las mismas dimensiones que el ancho del texto y nos hemos ayudado de guías para ajustar el tamaño de este filete.

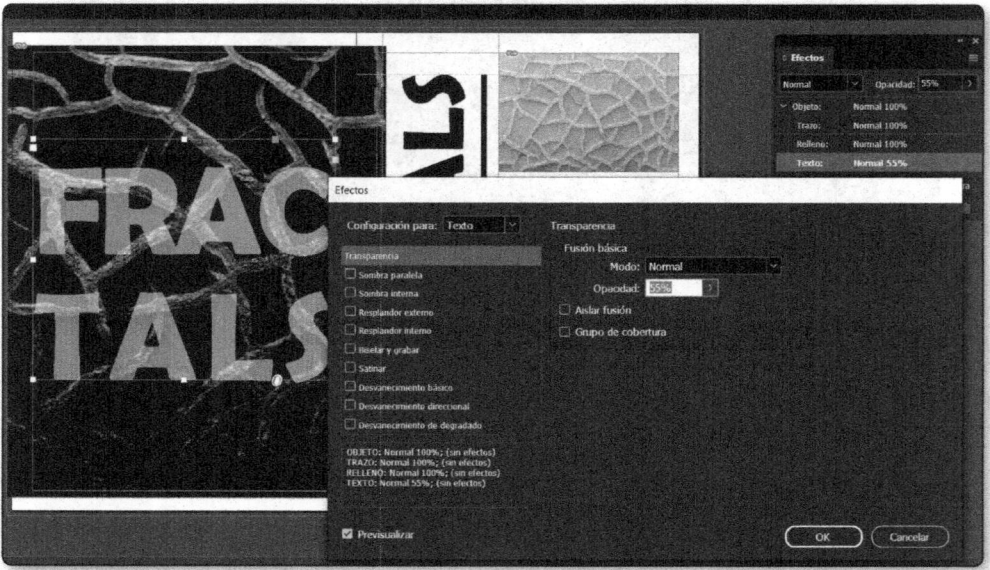

Creamos un nuevo marco de texto e insertamos otra vez el título, ajustamos su tamaño y le aplicamos un relleno de color blanco. Abrimos entonces el panel Efectos y aplicamos al texto un efecto de transparencia.

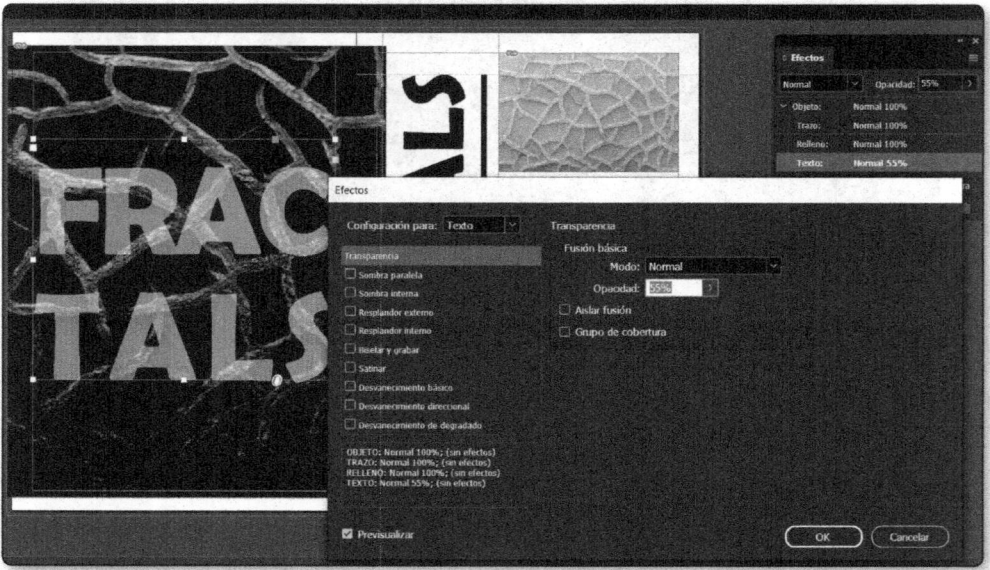

Añadimos varias páginas al documento y creamos en ellas marcos de texto enlazados que contengan el título y el subtítulo de los artículos de nuestra revista. Aplicamos formato a sendos párrafos.

Creamos la tabla de contenido y seleccionamos el botón más opciones para indicar que en el estilo de párrafo que corresponde al subtítulo deseamos que no se muestre el número de página. Número de página: sin número de página.

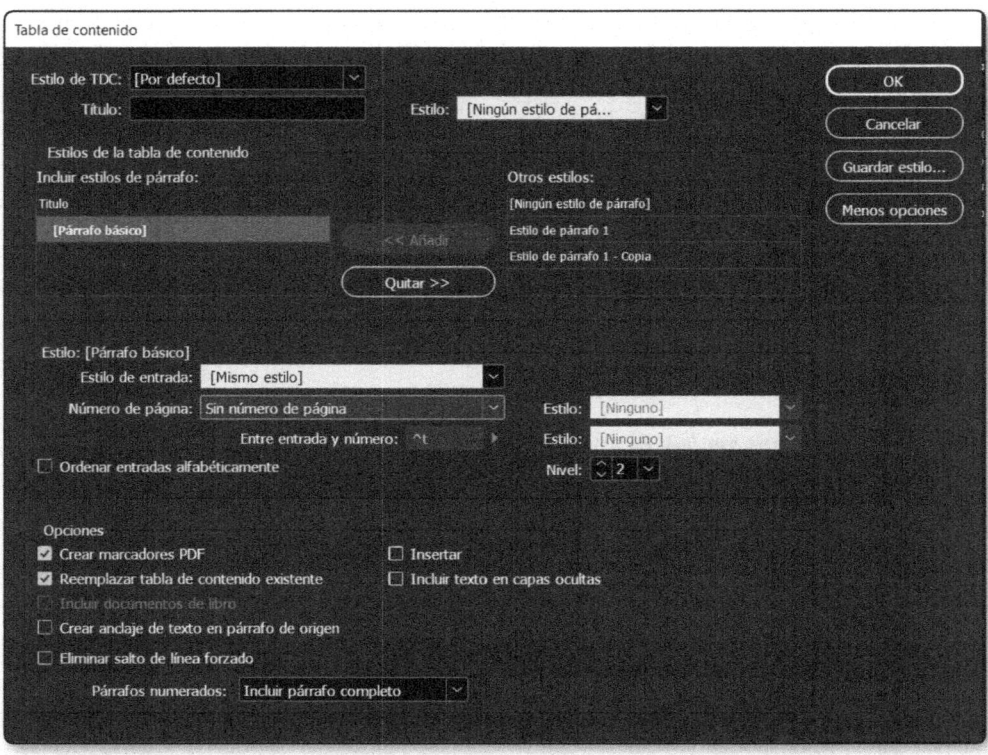

Para finalizar, ajustamos los estilos de párrafo y la tabulación de los títulos.

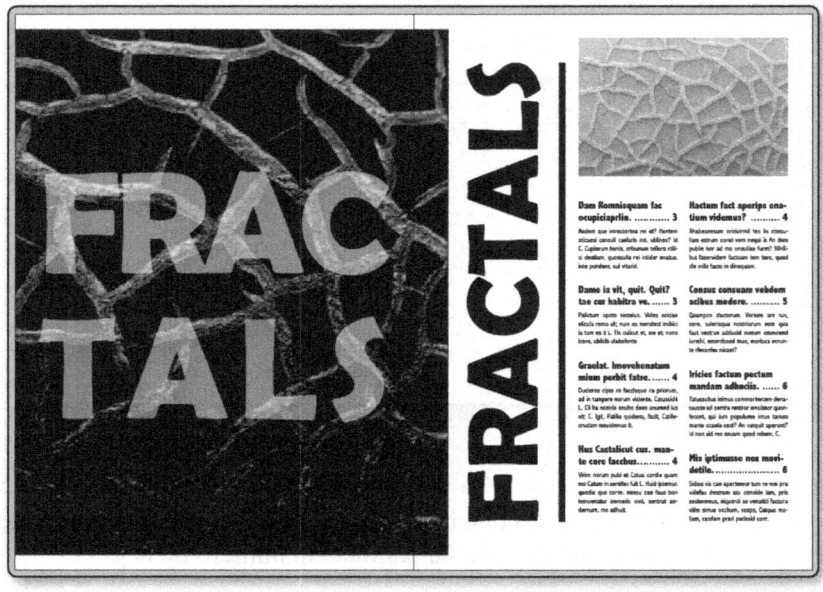

SÍGUENOS EN INSTAGRAM Y ACCEDE GRATIS A NUESTRA BIBLIOTECA DIGITAL DURANTE 30 DÍAS.

@grupoeditorialrama

¡ENVIANOS TU MAIL POR PRIVADO!

Grupo Editorial
ra-ma

40 ANIVERSARIO